Jean FERRAT *tout simplement*

Ouvrage publié sous la direction de Cathy Selena

ISBN : 978-2-8132-0183-6

Guy Trédaniel Éditeur
19, rue Saint-Séverin
75005 Paris

www.editions-tredaniel.com
info@guytredaniel.fr

Michel Valette

Jean FERRAT *tout simplement*

un artiste authentique
un ami fidèle

Guy Trédaniel Éditeur

Photo de Jean Ferrat dans le livre d'or
avec les titres de ses premières chansons

J'aurais tant voulu vivre un monde heureux
J'aurais simplement voulu
J'aurais tant voulu vivre un monde heureux
J'aurais tellement voulu

Extrait d'une chanson de Jean Ferrat,
propriété exclusive des Éditions Temey, Gérard Meys

À Véronique

À Colette que je ne connais pas,
avec mon profond respect

À toute la famille de Jean Ferrat…

Sommaire

Un choc

Nous sommes le 13 mars 2010. Il est 17 heures. Je suis chez moi ; le téléphone sonne.

J'entends, à l'autre bout du fil, la voix d'une amie d'Alsace, dont les mots me parviennent, entrecoupés de sanglots. Je ne retiens que ceux-ci : *as-tu entendu que Jean Ferrat vient de mourir ?* Mille images me viennent aussitôt à l'esprit. Bien sûr, il était très malade. Je le savais à l'hôpital d'Aubenas. On m'a dit qu'il était tombé de son lit. Est-ce sa chute qui a provoqué une crise cardiaque ? Peu importe. À quoi bon savoir de quoi il est mort ? Le fait est là. Nous ne le verrons plus vivant. Je suis effondré. Nous garderons son image quand il était rayonnant.

Peu à peu j'ai peur. Je pense aux médias, qui depuis des années l'ont tant négligé, qui vont désormais s'emparer de lui, de sa vie, de ses derniers jours, le disséquer, l'ajuster à leur convenance, faisant de lui un sujet de rentabilité pour plusieurs semaines, voire plusieurs mois. Ont-ils au moins une idée de l'homme tout simple qu'il était, de l'humain détaché de toute prétention à la notoriété, lui qui refusait de son vivant que l'on écrive des livres sur sa vie ?

Oui, j'ai peur. Peur de tous les requins qui vont exploiter sa mémoire en brodant n'importe quoi, juste pour noircir des pages à des fins marketing. Peur des artistes sans talent qui vont lui piquer ses chansons en montant des spectacles sur son nom, se faisant ainsi une gloire méprisable à ses dépens.

Dans les journées qui ont suivi la triste nouvelle, les radios et les télévisions ont largement rediffusé les émissions qu'on lui avait permis de faire lorsqu'il n'était pas censuré, y ajoutant même parfois, mais un peu tard, des chansons interdites. J'ai au moins pu le revoir, le réentendre et lire dans ses yeux fatigués des dernières années, son scepticisme sur la sincérité de ceux qui le couvraient de louanges.

Comme lui, je ne crois pas à la vie dans l'au-delà.

Mais si, par extraordinaire, nous nous sommes trompés, il a dû bien rire en entendant les hommages posthumes que tant de faux culs lui ont rendus, lui qui avait incarné à leurs yeux, soit le diable, soit la ringardise.

D'innombrables amis artistes qui comme lui, avaient débuté *à La Colombe* ou d'autres qui l'ont suivi de loin ou de près dans sa carrière nous ont appelés mon épouse et moi, pour nous dire chaleureusement qu'ils comprenaient et partageaient notre peine.

Nous savions que comme nous, ils ne se trompaient pas sur la nature du vrai Jean Ferrat et sur le désintéressement qui nous liait.

Après toutes ces réflexions, je me suis dit qu'il fallait que je fasse découvrir qui était vraiment ce Ferrat que j'ai connu à la source. Son personnage, sa poésie, son authenticité, sa rigueur, sa fidélité à des idées, mais surtout, la simplicité qui ne l'a jamais quitté lors de ses plus gros succès publics, exigent de moi que je le raconte au plus grand nombre.

J'espère ainsi lui rendre justice, et satisfaire tous ces amis qui, depuis son décès, s'inquiètent de cette médiatisation qui pourrait être réconfortante si elle n'était par trop tardive.

Au moins, je suis assuré de leur sincérité.

Chapitre I

Il était une fois, *La Colombe*...

La Colombe n'était ni rive gauche, ni rive droite, mais en plein cœur de Paris sur l'île de la Cité. Faisant face, côté Seine, à la façade droite de l'Hôtel de Ville, celle où Étienne Marcel et son cheval, tout de bronze vêtus, piaffent d'impatience depuis le 14 juillet 1888.

Lorsque je fis la connaissance de Jean Ferrat, nous n'étions, mon épouse Beleine et moi, locataires de cet endroit que depuis trois ans. Il est important, avant de vous parler de notre rencontre, de planter le décor tel qu'il se présentait dans les années cinquante. Je vais essayer de vous l'expliquer ici dans les grandes lignes, mais je compte bien en parler plus en détail dans un prochain ouvrage.

Petit bistrot sans électricité, éclairé au gaz, conservé miraculeusement depuis 1830 « dans son jus », comme disent les antiquaires, grâce ou à cause d'un frappé d'alignement datant de 1921, *La Colombe* avait été laissée à l'abandon par la pittoresque famille Desmolières, de 1921 à 1953. Celle-ci s'était préparée, pendant trente-deux longues années, à être mise à la porte du jour au lendemain, et ce, sans indemnités. Ainsi, dans l'attente d'une expulsion, elle continuait à gérer le bistrot, y recevait de pauvres gens, des garçons de café en attente d'un engagement, des petits joueurs d'échecs et quelques poètes, qui gardaient jalousement pour eux la découverte de cet endroit hors du temps. Maurice Fombeure, Mac Orlan,

Carco, Prévert et André Vers entre autres, fréquentèrent ce « troquet » en état de délabrement avancé.

Hors du temps, certes, cet endroit l'était. J'appris quelques années plus tard que ses fondations, ainsi que les deux premiers étages, dataient de 1297 ! Mais déjà, à peine étions-nous dans les lieux que Jacques Yonnet, l'écrivain du vieux Paris, vint nous compter la merveilleuse légende d'un couple de colombes, nichant au XIIIe siècle dans la vieille maison antérieure à la nôtre, à son emplacement exact. Une inondation de la Seine l'avait fait s'écrouler, emprisonnant les oiseaux vivants dans les décombres. Réussissant à s'échapper, le mâle n'abandonna pas sa compagne. Chaque jour, il lui apporta des graines et la fit boire à l'aide d'un fétu de paille, dont il se servait comme d'un chalumeau. Entendant leurs roucoulements plaintifs, les insulaires de la Cité réussirent à délivrer la prisonnière et il fut décidé que l'on rebâtirait, à l'emplacement, une maison baptisée *Maison de la Colombe*. On y célébrerait régulièrement l'anniversaire des retrouvailles des deux colombes, symbole de la fidélité des couples. En effet, durant plusieurs siècles, les jeunes mariés des environs ne manquèrent pas cette fête, jusqu'à ce que le clergé la fasse interdire, la jugeant par trop païenne. *La Colombe,* dans son état actuel, aurait près de sept siècles !

Pour le vérifier, je fis faire des recherches par un archiviste du Louvre, Michel Le Moël, et j'obtins le nom des propriétaires depuis 1557, mais pas en deçà. La découverte d'un squelette de chat entre plafond et plancher nous apprit, quelques années plus tard, que la maison datait bien du XIIIe siècle, époque jusqu'à laquelle on emmurait vivants des chats noirs lors de la construction d'une maison afin de la protéger du malin. Ainsi, en cette époque moyenâgeuse, il semblait normal de sauver deux blanches colombes tandis que, dans le même temps, on faisait périr un chat noir dans d'atroces douleurs.

Les Desmolières n'ignorant pas que l'immeuble était frappé d'alignement se gardaient bien d'en faire état, mais ne cherchaient même pas à vendre un fonds qui n'avait aucune valeur. À l'époque, j'occupais une chambre meublée, quai aux fleurs, à une cinquantaine de mètres de là. Beleine et moi venions fréquemment boire un verre de coteaux-du-layon dans ce petit bistrot au charme indéfinissable.

Un jour, Robert Desmolières reçut une proposition d'achat de son fonds par un artiste américain richissime, du nom de Ludwig Bemelmans. Devenu illustre aux États-Unis en écrivant de nombreux livres bourrés d'humour et *Madeline,* une collection poétique pour enfants dont il fit avec un grand talent les textes et les illustrations. Il illustra également, pendant une quinzaine d'années la page de couverture du *New Yorker*. Il s'enticha de *La Colombe,* qu'il acheta, lui conserva ses décorations intérieures 1830, son lustre à gaz d'époque et ses grilles « *Marchand de vins* ». Il la fit nettoyer les lieux, puis installa le tout-à-l'égout, en conservant la rusticité des locaux dont il voulait préserver l'authenticité. Il essaya aussi d'obtenir l'installation de l'électricité, mais sans succès, le rez-de-chaussée de la maison étant inondable. Désirant apporter sa touche personnelle, il décora les murs de la petite salle du fond de fresques représentant une terrasse de guinguette arborée et fleurie où de multiples personnages étaient attablés. Il disait qu'ainsi, lorsque ses clients ne seraient pas nombreux, ils ne se sentiraient jamais seuls.

Malgré ses appréhensions, l'endroit fut loin d'être désert. La notoriété de son nouveau propriétaire suffisait à le combler d'une clientèle haut de gamme. Le *New Yorker*, le *Town and Country*, relayés en France par les magazines *Elle*, *Jours de France* et bien d'autres, promouvaient ce lieu parisien qui ne désemplissait pas d'un public conquis, venu s'encanailler au *Bemelmans Place.* Il s'agissait d'une clientèle chic, que le maître des lieux désirait mêler à la clientèle rustique du bistrot Desmolières, ce qui ne fut pas chose aisée au départ. Au fil du temps, le Martini Cocktail, le Rye et le champagne de marque remplacèrent très vite le coteaux-du-layon et le beaujolais.

Ludwig Bemelmans fit venir ses amis du monde entier, la famille royale de Suède, le duc et la duchesse de Windsor, les Churchill et tout le gotha de la société américaine de l'époque. Peu de temps après avoir acheté le fonds, je fis sa connaissance. Le père Desmolières m'avait présenté a son successeur comme étant un « artisse ». Bemelmans me confia qu'il voulait éviter de faire de *La Colombe* une boîte à touristes. Je lui avais alors conseillé de ne pas engager un chasseur à l'entrée, ni un barman en tenue blanche, comme au Ritz, ni même un accordéoniste moustachu à béret basque, jouant *La java bleue* devant un verre de vin rouge. Ce qui était dans ses intentions de départ !

Malheureusement, malgré mes bons conseils, ce fut une histoire de cœur qui mit fin à sa belle entreprise. Il avait choisi comme gérante une charmante jeune française, Régine, de quarante ans sa cadette, pour laquelle il avait un penchant évident. Mais celle-ci, attirée par les mirages d'une vie aux États-Unis, ne put refuser la demande en mariage du beau-frère de Ludwig Bemelmans, prénommé

Henry, un universitaire américain moins riche, mais plus proche d'elle en âge. En proie à un désespoir profond, notre homme décida de se débarrasser de *La Colombe* au plus vite. Après maintes tentatives de vendre le fonds à un prix que sa propre notoriété lui semblait justifier, il dut réduire ses prétentions. Les nombreux candidats à l'achat devaient probablement découvrir, au cadastre, que l'immeuble pouvait être démoli d'une semaine à l'autre.

Pris dans le tumulte du roman-feuilleton qui se jouait sous nos yeux, il nous apparut clairement que nous rêvions d'un endroit comme celui-là, pour en faire un petit cabaret dans lequel je pourrais chanter des chansons et raconter des histoires. Ma compagne Beleine et moi ne disposions que de trente mille anciens francs et nous apprenions, jour après jour, par Henry et Régine, devenus nos amis, la baisse de mise à prix de ce bistrot qui nous plaisait tant. Quand il fut au plus bas, après avoir visité nos familles respectives, nous en proposâmes la moitié, que nous nous engageâmes à régler en trois traites, sur deux ans !

L'affaire fut conclue sans que nous ayons l'idée d'aller voir le cadastre. Lorsque nous apprîmes ce que nous risquions, quelques semaines après la vente, nous ne nous sommes pas laissés aller au désespoir pour autant. Nous avons décidé de tout faire pour sauver cet immeuble qui nous semblait, de par son âge et sa situation en plein Paris, devoir perdurer. Nous n'avions, en 1954, que 26 ans et une certaine dose d'inconscience.

Ludwig Bemelmans nous avait laissé ses fresques qui, à elles seules, valaient dix fois plus que le prix que nous avions à payer pour *La Colombe*. Nous devenions, Beleine et moi, tenanciers d'un bistrot, mais étions tous deux fauchés ! Ma compagne quittait un emploi de secrétaire à l'Éducation nationale et moi, j'étais artisan-décorateur et chanteur débutant. Mon tour de chant se composait essentiellement d'imitations, de pastiches de chansons 1900, et de tentatives d'interprétation de chansons de Georges Brassens et de Pierre Dudan. Après le bac, j'avais suivi, pendant deux ou trois ans simultanément, des cours en arts déco et art dramatique ainsi que quelques cours de chant, tout en vendant un journal étudiant *Quartier latin* dans lequel j'écrivais des critiques dramatiques et des billets d'humour illustrés de mes dessins.

Les formalités de prise de possession des lieux une fois remplies, en octobre 1954, je cherchais un guitariste qui puisse m'accompagner. J'eus la chance de faire la connaissance d'un jeune étudiant en guitare, du nom de Bernard Pierrot. Outre le fait de m'accompagner dans mes pastiches et tours de chant, il savait jouer de la guitare classique et connaissait un impressionnant répertoire de chansons dans le style de celui de Jacques Douai. Bref, ses goûts correspondaient aux miens. Il jouait aisément tout style de musique et chantait des chansons dont les auteurs étaient Mouloudji, Léo Ferré, Francis Lemarque, Stéphane Goldmann, Prévert et Kosma, Charles Trenet, Mireille et Jean Nohain, Georges Ulmer, Félix Leclerc, Boris Vian, Henri Salvador, Juliette Gréco, les Frères Jacques, Marc et André, Cora Vaucaire ou Philippe Clay. Je lui demandais une disponibilité totale de 21 heures à 1 heure du matin, sauf le dimanche. Mais il ne partait que lorsque le dernier client poussait la porte. En général, il était capable d'occuper une animation en chansons et guitare classique sans faire de tour de chant structuré, sans être présenté et sans se soucier qu'on l'écoutât ou non. Il avait une voix douce et agréable. Peu à peu, je réussis à sensibiliser le public pour qu'il bénéficie d'une meilleure écoute.

À *La Colombe,* nous disposions, au deuxième étage, de deux pièces sordides, sans électricité ni chauffage, pour y aménager notre appartement. Ainsi, laissant tomber nos chambres meublées respectives, nous pûmes officialiser notre union par un mariage discret, qui ne nous empêcha pas de travailler le soir même.

Nous nous étions bien gardés de dire à la clientèle huppée qui se présentait que Ludwig Bemelmans n'était plus le propriétaire de *La Colombe*. Nous pouvions ainsi vendre à cette clientèle whisky, champagne, fine à l'eau et cocktails, alors que nous commencions à recevoir des clients d'une autre espèce qui préféraient les jus de fruits, le beaujolais ou la bière. L'osmose fonctionnait bien entre les deux groupes, les plus riches étant ravis de se trouver mêlés à des jeunes et de découvrir un aspect poétique ou revendicatif de nos chansons, souvent non conformistes ou antimilitaristes.

Le bruit se répandit très vite de ce qui se passait chez nous : des prix peu élevés, de l'ambiance bon enfant, de cette sorte d'œcuménisme social que nous pratiquions, le blue-jean côtoyant les robes du soir et les smokings, sans que personne y trouve matière à critiquer. J'avais indexé ce que je donnais chaque soir à Bernard Pierrot pour le rémunérer au prix des consommations et au nombre des clients, et avais dû discuter âprement avec l'inspecteur de la Sacem[1] qui voulait m'imposer un forfait exorbitant.

1. SACEM : Société des auteurs, compositeurs et éditeurs de musique

Afin de grossir nos recettes, nous offrions aux clients la possibilité de se sustenter de petits repas « à la fortune du pot ». Nous ajustâmes nos prestations chantées aux commandes des clients qui désiraient dîner, afin qu'ils restent plus concentrés sur les artistes que sur leurs assiettes.

En début de soirée, Bernard jouait de la guitare classique en musique de fond. Il en profitait pour travailler des morceaux qu'il était en train d'apprendre.

Ainsi se passèrent les premiers mois à *La Colombe*. Nous avions commencé à rembourser nos dettes, mais nous étions contraints de rester ouverts sans interruption de 10 heures du matin à 2 ou 3 heures du matin suivant, parfois plus tard. Tout cela sans aucun mercantilisme, tous les clients étaient bienvenus chez nous et nous ne mettions jamais les traînards à la porte.

Dans la matinée, la clientèle de Desmolières était plutôt consommatrice de petits blancs et de sandwichs. Vers 16 heures, on recevait parfois quelques petits bourgeois désirant boire une tasse de thé, accompagnée de pâtisseries que nous courions acheter au fur et à mesure rue d'Arcole. Le soir, la mixité était de mise, entre les Américains fous de Bemelmans, les habitants du 16e arrondissement, les étudiants et les voisins. Tous étaient reçus avec la même cordialité sans distinction socioculturelle. Déjà, quelques personnalités du théâtre, quelques peintres connus, quelques écrivains célèbres, quelques poètes côtoyaient des ambassadeurs ou des diplomates étrangers, attirés par la renommée de Bemelmans. Ce dernier m'avait laissé son livre d'or déjà couvert de signatures illustres ; je le fis relier en cuir, orner de lettres d'or, sans avoir oublié de lui ajouter de nombreuses pages vierges qui assureraient sa continuité, de semaine en semaine.

Souvent, les chansons que nous interprétions donnaient lieu à des commentaires et des échanges avec les clients. Nous n'imposions pas d'horaires particuliers pour commencer à chanter. Nous ne le faisions que lorsque le public semblait disposé à nous entendre. Et nous nous arrêtions lorsque les plats étaient servis. Bernard prenait alors le relais avec du classique.

Lorsque je voyais dans la salle un jeune avec un étui de guitare, je lui offrais aussitôt son verre, en lui promettant de le faire jouer ou chanter lorsque nous aurions terminé, Bernard et moi. J'écoutais toujours ses chansons, sans arrière-pensée, me réservant alors de bonnes ou de mauvaises surprises. C'était parfois médiocre, parfois intéressant. C'est ainsi que vers le mois de décembre, nous découvrîmes Micky Morin, un jeune révolté contre « l'establishment », plus soucieux de soigner ses accords de guitare que d'employer dans ses textes un vocabulaire châtié. Son humour nous plaisait. Il avait écrit sept ou huit chansons et il était capable de jouer de la guitare classique et de m'accompagner. Pour permettre à Bernard Pierrot de prendre de temps en temps du repos, j'engageai Micky, d'abord par intermittence, puis tous les soirs, lorsque nos recettes augmentèrent. Ainsi, nos programmes furent plus diversifiés. Bernard et Micky s'entendaient bien, échangeant régulièrement leurs points de vue quant aux nouveaux accords de guitare que l'un ou l'autre venait de découvrir.

Les soirées furent ainsi plus structurées, nos tours de chant plus précis et mieux construits, sans que nous perdions ce précieux contact avec le public qui, nous connaissant mieux, nous redemandait spontanément ce qu'il avait aimé. Un groupe de jeunes amis se forma, qui nous devint fidèle deux ou trois soirs par semaine.

Un jour, se présenta un couple de comédiens, Paul Hébert et Jacqueline Dorian. Ils avaient mis au point un tour de chant qu'ils souhaitaient roder dans notre établissement avant de le présenter ailleurs par la suite. L'endroit leur avait paru sympathique, à la bonne franquette, d'où leur idée de s'y produire quelques jours. J'acceptai avec grand plaisir. Ils chantaient *L'auberge de la fille sans cœur* de Gilles, des chansons de Francis Carco et de Pierre Mac Orlan. Nous fûmes sensibles à leur présence et leurs interprétations. Ils purent tester l'impact positif de leur numéro sur le public. Ils nous remercièrent chaudement et refusèrent d'être rémunérés. Je leur promis de les réengager le jour où notre cabaret aurait pris de l'ampleur.

Nous pouvions fournir une restauration simple lorsque les clients étaient demandeurs, mais après avoir dépassé douze couverts par jour, nous engageâmes Francette pour aider Beleine en cuisine. Après son départ, d'autres cuisinières se succédèrent. La demande se faisant plus importante et nécessitant une plus grande exigence de qualité, il nous fallut embaucher un vrai chef en cuisine. C'est ainsi que, dans le courant de l'été 1955, Théodore Muller, un Alsacien pur souche qui avait déjà travaillé dans de nombreux restaurants, vint rejoindre nos rangs.

Au bout d'un an, nous avions aménagé notre appartement avec les moyens du bord.

Un soir, alors qu'un groupe de six ou sept étudiants étaient attablés et occupés à boire des bières, l'un d'eux vint me trouver pour me présenter un de leurs camarades, un petit jeune homme d'allure plutôt sinistre du nom de Guy Béart qui écrivait des chansons. J'ai voulu en écouter, non pas une, ni deux, mais douze ! Devant quelques clients attablés qui s'en fichaient complètement. Je dois avouer que cet artiste en herbe m'avait épaté. L'étrangeté de ses thèmes, la richesse de ses métaphores, la structure de ses musiques ne ressemblaient à rien de ce que j'avais pu entendre jusque-là dans la chanson.

Nos affaires allant de mieux en mieux, je pouvais faire l'effort d'augmenter le nombre de nos chanteurs et lui proposai de l'engager. Il m'expliqua qu'il était ingénieur des Ponts et Chaussées, tout en poursuivant des études sur la dislocation des métaux, et qu'il ne pourrait jamais venir six jours par semaine. Nous convînmes alors qu'il chante un soir sur deux. C'est ainsi que débuta Guy Béart.

Au début, j'ai eu beaucoup de mal à le faire admettre à mes amis spectateurs, à cause de sa voix légèrement voilée, une voix âpre, rugueuse, qui exprimait cependant une sensibilité chaleureuse. Pour moi, l'originalité de ses chansons m'a conforté dans l'idée que je ne devais prendre que des débutants, plutôt que de promouvoir des artistes déjà confirmés. Révéler des jeunes ayant un talent nouveau, même s'ils n'étaient pas encore des interprètes habiles, me procurait un immense plaisir. Au départ, je n'avais pas idée du succès florissant qui nous attendait. Mon concept était simple : donner sa chance à tout artiste sans banalité qui avait des histoires à raconter en musique et qui nous surprenait en les chantant. De toute façon, il est évident que je n'aurais pu donner des cachets décents à des artistes déjà confirmés. C'est alors que j'ai décidé de fixer un tarif unique pour tout le monde.

À cette époque, les artistes n'avaient pas le statut de salariés. Ils ne l'obtinrent officiellement qu'en 1962. On payait un artiste pour une prestation qui allait de 10 minutes à une demi-heure au maximum, jamais plus. Le public des cabarets et des music-halls n'aurait pas supporté d'entendre un même chanteur durant toute une soirée. Ce n'était pas la mode. En revanche, on écoutait certainement avec plus d'attention des tours de chant de quelques chansons. Je m'efforçais de composer mes programmes et mes ordres de passage à l'avance pour que les artistes qui se succédaient puissent fournir des thèmes et des styles le plus éloigné possible les uns des autres.

À cette même époque, j'ai découvert une jeune chanteuse, Hélène Martin, qui avait une voix très pure et un sens très rare de la poésie. Elle avait été repérée par Francis Claude, qui passait ses chansons dans des émissions radiophoniques à thèmes. Je connaissais donc sa voix, mais pas la dame. Elle avait une distinction extraordinaire, avait des yeux bleus superbes et en imposait par son chant. Lorsqu'elle interprétait *Le condamné à mort*, ce superbe poème de Jean Genet qu'elle avait mis en musique, c'était fabuleux, un grand moment de la chanson ! Hélène Martin fut donc la première demoiselle à intégrer notre programme. Puis, quelque temps après, le comédien Pierre La Tour me présenta Colette Chevrot, qu'il venait d'épouser peu de temps auparavant. Cette jeune femme avait des allures de « titi parisien », ne connaissait que quatre ou cinq accords à la guitare, dont elle usait pour s'accompagner dans des chansons rigolotes, tout en étant une excellente interprète de chansons 1900, du répertoire de Cora Vaucaire, entre autres. La balafre qui lui lacérait le menton suite à un accident de voiture lui donnait une gueule incroyable. Je fus conquis par son talent et sa drôlerie. Notre programmation se féminisa avec bonheur.

Jacques Canetti, le grand découvreur de talents de la maison Philips, avait repéré Guy Béart à *La Colombe* et lui avait fait signer un contrat. Il lui promettait d'emblée un 25 cm après qu'il eut franchi l'épreuve d'un passage aux *Trois baudets*, ce cabaret-music-hall d'essai où Félix Leclerc, Mouloudji, Juliette Gréco et Georges Brassens avaient dû faire leurs preuves avant lui.

Depuis, il suivait nos programmes avec attention et il s'intéressa à Colette Chevrot.

En 1956, ce fut la naissance d'Emmanuel, notre premier fils. Beleine revint avec lui de la clinique au moment où nos démarches pour obtenir l'électricité aboutirent, nous permettant de supprimer les bougies et les lampes à pétrole qui, jusqu'alors, n'illuminaient que faiblement notre petit deux-pièces.

Au départ, *La Colombe* était séparée en deux salles par un mur épais. La salle du bar, à l'entrée, et une autre à côté. Elles ne communiquaient que par une petite porte basse. Au cours des premiers mois, le fait de passer d'une salle à l'autre pour chanter était peu agréable. Le public de la salle qui n'entendait pas l'artiste en direct était parfois bruyant. C'est alors que j'ai décidé d'entreprendre des travaux et de faire percer une fenêtre entre les deux salles. Les artistes s'asseyaient sur un tabouret de bar dans l'alcôve, appuyant leur dos à un mur large de 60 centimètres, en ayant devant eux, sur le mur d'en face, une petite étagère pour poser un verre afin de s'humecter le gosier entre deux chansons.

J'arrivais petit à petit à programmer quatre chanteurs par soir. C'était mieux, mais j'avais le regret de n'avoir pas la possibilité d'accueillir des artistes qui puissent se faire accompagner au piano. Je décidai alors d'aménager la salle du premier étage en contractant de nouvelles dettes pour les travaux d'aménagement du premier soit une salle de dîners spectacles et une cuisine professionnelle de restaurant. Nos deux salles d'en bas contenaient chacune 15 personnes ; je gagnais 25 places au premier étage. Dans un angle, j'installai un podium sur lequel deux ou trois personnes au maximum pouvaient évoluer, un petit piano bas occupant la place restante. Pour les dîners spectacles, je prévoyais que les clients arrivent impérativement avant 21 h, le chef ayant pour mission de servir les repas, desserts inclus, avant 22 h 15, heure de début du programme. Ceci afin que le service soit complètement interrompu du début du spectacle à minuit.

L'inauguration se fit avec un montage poétique, *La conversation gastronomique,* que j'écrivis en collaboration avec Hélène Martin, Jacques Doyen un comédien qui disait des textes d'une façon merveilleuse et le pianiste – Marcel Yonnet, frère de l'écrivain Jacques Yonnet. Ce fut entre ce dernier et moi des retrouvailles sympathiques : je le connaissais du temps de mes études. Il accompagna tous les soirs les gens du premier étage.

La Conversation fut un succès qui remplit notre salle pendant trois mois. Il faut rendre justice aux vingt-cinq gastronomes les plus connus de Paris, présents à la première, appréciant le repas de Théo Muller et le thème du spectacle. Ils ont permis, par leurs articles élogieux, un lancement extraordinaire. Puis, en début d'année suivante, un deuxième montage vit le jour avec Éliane Lubin, Jean-Louis Calvet, un comédien et moi-même, sur le thème des contes de fées. Toujours efficaces, très enlevés, plébiscités par le public, ces montages demandaient un travail colossal que je ne pouvais plus fournir. N'ayant plus que l'envie, mais pas le temps de poursuivre dans cette voie, je dus me résoudre à les abandonner et à les remplacer par des prestations individuelles. Ainsi, chaque soir, quatre artistes se succédaient désormais dans cette salle, chanteurs accompagnés au piano ou diseurs de sketches.

Nous avions en haut et en bas deux programmes complètement différents qui pouvaient se produire simultanément. Notre plafond du XIIIe siècle était parfaitement insonorisé.

Au rez-de-chaussée, aux alentours de 20 h 30, le guitariste classique – soit Bernard Pierrot, soit Micky Morin – égrenait ses premières notes, jusqu'à ce que les tours de chant commencent à 23 h 15 avec quatre artistes, les copains du début et les nouveaux engagés, s'accompagnant tous les quatre à la guitare.

Au cours de l'année 1956, je vis défiler des artistes atypiques qui marquèrent les esprits, comme Marie-Claire Pichaud, une chanteuse qui écrivait des chansons pleines d'espoir, évoluant par la suite en chansons à la gloire du Seigneur ; Mariel Clarmont, une poétesse de l'île Saint-Louis qui perdit l'ouïe et se convertit à la couture d'art ; Alain Prisse, un jeune chanteur qui partit pour la guerre d'Algérie après avoir été programmé une fois seulement ; ou Jean Georges, un troubadour projeté du Moyen Âge qui servit de remplaçant à un artiste défaillant. Pour la petite histoire, Jean Georges m'avait été envoyé par mon ami Marc Chevalier, l'un des directeurs de *L'Écluse*. Ce troubadour du XXe siècle, après s'être produit à *La Colombe*, poursuivit une carrière tout à fait originale, en sillonnant la France dans une roulotte traînée par une jument, avec sa femme et sa fille. Pour ma part, je préférais les auteurs-compositeurs modernes. Je donnais toujours priorité au texte, mais jamais je ne me contentais, sauf pour Colette Chevrot, d'un accompagnement musical trop maigre. J'incitais les artistes à travailler leur instrument, à peaufiner leur accompagnement. Quant aux artistes du premier étage, Marcel Yonnet les accompagnait sur partition, ou « à la feuille », comme on dit dans le métier, c'est-à-dire à l'oreille. Je pus ainsi donner sa chance à Luce Klein, une petite auteure-compositeur pleine de mordant.

J'avais à cœur d'engager des artistes prometteurs, que ce lieu de *La Colombe* puisse leur servir de tremplin pour faire carrière, et je trouvais indispensable et normal que même débutants ils perçoivent un cachet pour leurs prestations. Je me rappelle d'un artiste qui voulait absolument que je le programme, malgré mes objections. Comme il était sympathique, je l'avais écouté avec attention, mais il ne « m'accrochait » pas. Je trouvais ses mimiques grotesques, et ses chansons farfelues me mettaient mal à l'aise. Il revenait à la charge, en insistant sans cesse malgré mes nombreux refus. Un jour, il me proposa de le faire passer en supplément dans le programme, sans que je le rémunère. C'était à l'encontre de mes principes, alors je déclinai l'offre, à son grand dam. Je ne croyais pas en lui, mais il était tellement sûr que passer en public lui ferait faire des progrès qu'il m'eut à l'usure et que j'acceptai un compromis. Sans lui donner une place qui aurait été prise à l'un des quatre artistes du rez-de-chaussée qui restaient prioritaires, il passerait en supplément en début de programme avec un demi-cachet, et interpréterait trois chansons.

Il fut l'exception qui confirma la règle : il plut. Les jeunes, surtout, le trouvèrent irrésistible. Grâce à son succès, il fit des progrès et finit par me convaincre de son talent. Cet artiste s'appelait Paul Villaz. Au bout de ses trois semaines, je lui donnai de bon cœur une autre date de passage pour trois nouvelles semaines, avec six chansons de son répertoire et, cette fois, un plein cachet. Je dus convenir que mon flair pouvait être subjectif. J'entérinai du même coup le fait d'avoir cinq artistes au lieu de quatre dans la salle du rez-de-chaussée.

À cette époque-là, il est important de souligner que tous les patrons des petits cabarets payaient tant bien que mal leurs artistes sur les recettes. Les rémunérer au chapeau aurait été leur faire une injure. Je n'étais pas parmi ceux qui payaient le plus mal, car je n'avais qu'un programme de débutants.

Chapitre II

Les premiers pas de Jean Ferrat

Un jour de juillet 1957, à *La Colombe*, alors que nous étions en pleine répétition de *La conversation gastronomique*, un grand jeune homme très maigre de 25 ans, sympathique, housse de guitare à la main, vint timidement me proposer d'écouter ses chansons. Un excellent physique. Il s'appelait Jean Ferrat. Très occupé, j'acceptais cependant d'écouter une ou deux de ses œuvres pour une première prise de contact. Il me chanta *L'homme-sandwich,* dont il était l'auteur et le compositeur : *L'homme-sandwich a de la peine / Il voudrait bien aller flâner / Avec les gens qui se promènent / Sous le soleil des beaux quartiers [...] Il cueille le soleil / Les rires des enfants et des morceaux de ciel / Dans les yeux des amants / Des feuilles et des papiers multicolores / Qu'il remet à tous les passants.*

C'était une bonne chanson ! J'ignorais alors que cet artiste allait, quelques années plus tard, développer et préciser ces thèmes déjà sous-jacents, son hostilité à toute ségrégation sociale et son goût d'une nature toute simple par opposition au tapage des villes.

Il me chanta ensuite *La crème au chocolat,* une chanson qu'il n'enregistra jamais. C'est l'histoire d'une fille qui se croit enceinte parce qu'elle a des nausées, alors qu'elle a mangé trop de crème au chocolat.

Claude Vinci devait l'enregistrer l'année suivante.

Je trouvais son style intéressant, sa voix superbe et d'une tessiture étendue, sa diction irréprochable *: Mais attention*, lui dis-je, *il me semble que vous êtes influencé par Yves Montand. C'est possible*, me répondit-il en souriant *j'aime beaucoup Yves Montand !* Je partageais cette très noble admiration. À mon humble avis, Yves Montand était l'un des premiers chanteurs de l'époque avec Charles Trenet, Georges Brassens, Mouloudji et quelques autres, à sortir la chanson de sa médiocrité. En commençant avec des chansons de cow-boy, il avait fait connaître ensuite à un vaste public les chansons de Prévert et Kosma, dont les célèbres *Feuilles mortes*. Il n'y avait guère que Catherine Sauvage et Cora Vaucaire qui choisissaient alors leurs chansons chez les poètes ! De ce fait, aimer Yves Montand c'était aimer un style de chansons d'un certain niveau.

Je le comprenais d'autant mieux que lorsque je chantais ce type de chanson là, je ne pouvais m'empêcher d'être influencé par la diction et l'intonation de leur interprète. Pour autant, je ne peux pas dire que Jean Ferrat était un imitateur. Il était jeune et ne se rendait pas compte de ce genre de défaut inhérent à de nombreux débutants. Je lui ai indiqué certains passages de ses chansons où la ressemblance vocale était plus que flagrante, il en a honnêtement convenu et je lui ai donné rendez-vous en novembre, pour l'entendre dans un répertoire de sept ou huit chansons, en lui conseillant d'ici là de bien veiller à modifier les intonations signalées.

Je pensais instinctivement que ce garçon-là n'aurait pas besoin, à *La Colombe,* de passer par la case habituelle d'un début de programme. Quelle belle prestance ! Il est possible que sa maigreur fût due à des problèmes pulmonaires récurrents depuis l'enfance ou à une sous-alimentation involontaire. Il s'accompagnait à la guitare et quand il chantait, sa prestance ne dissimulait pas une certaine gaucherie. Elle trahissait son naturel timide.

Je consacrais les mois suivants à mettre au point mon programme du premier étage. Dans ce laps de temps, je continuais à découvrir de nouveaux talents tel Michel Soutter, cet auteur-compositeur suisse qui devint l'un des trois grands cinéastes de son pays par la suite. Il dégageait une sorte de fébrilité, avec ses yeux bleus à la Gary Cooper, presque larmoyants, son trac maladif. Son parrain, était Gabriel Arout, le traducteur français de Tchekhov et d'Adamov. Il le soutenait avec ferveur.

Comme il composait de belles petites chansons, je l'ai programmé au rez-de-chaussée et, très vite, nous sommes devenus des amis. Mais contrairement à l'artiste également très timide qu'était ce Jean Ferrat rencontré peu avant, je n'ai jamais cru possible que Michel Soutter puisse réussir dans la chanson.

J'avais tissé des liens d'amitié avec la plupart des artistes de *La Colombe*. Il s'établissait aussi un intérêt de chacun d'entre eux vis-à-vis des autres, sans jalousie, sans esprit de compétition. Peut-être parce que tous étaient à peu près au même niveau, comme dans les cours de théâtre où, souvent, des copinages se forment qui durent toute une vie. Ils avaient manifesté autant d'intérêt à écouter Guy Béart, dont les chansons étranges de ses débuts et sa voix particulière ne recueillaient pas l'unanimité de tous les clients, Hélène Martin, avec ses choix poétiques et son charisme exceptionnel, Bernard Pierrot, pourtant très effacé, grâce à ses qualités musicales, Colette Chevrot, avec sa gouaille et son sens inné du comique, Micky et son agressivité. On ne sentait entre eux aucune animosité concurrentielle.

Ils savaient que je les défendais auprès d'inévitables clients ronchons qui venaient me questionner sur l'opportunité de programmer l'un ou l'une d'entre eux, prétextant que ce « nouveau » ne faisait pas le poids par rapport aux autres artistes auxquels je les avais habitués. Je me faisais l'avocat de ces nouveaux, excusant leurs défauts dus à leur manque d'expérience ; je mettais en avant leur fraîcheur, leur originalité, la qualité de leurs textes et, lorsqu'il s'agissait de ceux dont je pensais qu'ils seraient un jour des « grosses pointures », je n'hésitais pas à demander aux sceptiques de noter immédiatement leurs noms sur un carnet, pour mémoire.

Lorsque j'ai revu Jean Ferrat au rendez-vous que nous avions fixé en novembre 1957, il me confirma dans mon intuition première. Il serait « une grosse pointure ». Il me conta que Francis Claude, auprès de qui il avait auditionné, lui avait promis de le faire passer au *Milord l'arsouille*, mais souhaitait qu'il fasse ses armes dans un petit cabaret. Il avait des qualités d'interprète vocal indéniables. Je dis bien « vocal », car son côté scénique laissait à désirer ! Debout, sans guitare, il n'aurait pas su quoi faire de ses bras. Je l'ai programmé dès 1958, de quatre mois en quatre mois. Il était d'une grande rigueur, tout en restant pudique. Il s'accompagnait très bien à la guitare. Aimant beaucoup le jazz, il avait choisi d'apprendre cet instrument (plus riche que le pipeau qu'il avait pratiqué très jeune) afin d'intégrer un petit orchestre de copains qui jouait du *New Orleans,* et s'était perfectionné pour l'accompagnement en prenant des cours de classique. Quant à son répertoire, on ne peut pas dire que les chansons de ses débuts étaient exceptionnelles, mais elles étaient amusantes et sa diction était parfaite. Je me souviens, par exemple, de ce poème de Bruant intitulé *Le lézard* qu'il avait mis en musique : *On prend des manières à 15 ans / Puis on grandit sans qu'on les perde / Ainsi moi, j'aime ben roupiller / J'peux pas travailler, ça m'emmerde !*

C'était drôle, mais le découpage du texte étant trop limité, la mélodie en devenait répétitive. De ce fait, je lui avais suggéré d'abandonner cette chanson qui n'apportait rien à son tour, et de privilégier certaines autres qui, à mon sens, étaient bien meilleures.

J'ouvre une parenthèse pour dire que *Le lézard* était magnifiquement dit par Jacques Doyen, qui passait dans notre *Conversation gastronomique* au premier étage. Ce texte se passait de musique, et Jacques Doyen était un diseur extraordinaire. À de nombreuses reprises, j'avais assisté à des récitals de poésie qui m'emmerdaient au plus haut point, mais lorsque j'ai découvert la naïveté poétique de Jacques et la manière dont il faisait vivre les poèmes, ce fut un enchantement. Il était capable de faire aimer des poètes difficiles à des gens peu intéressés par la poésie.

Pour la petite histoire, disons aussi que Mouloudji avait déjà chanté *Le lézard* sur une musique de Bruand qui n'avait pas plu à Jean Ferrat et qu'il avait préféré l'habiller de sa propre musique.

Sur les sept ou huit chansons que me présenta Jean, je ne lui en avais fait abandonner qu'une ou deux parce qu'elles ne me semblaient pas pour lui. Notamment *Betty de Manchester,* un texte d'un certain Rabiniaux qu'il avait mis en musique. Il ne l'enregistra jamais. Georgie Viennet puis, plus tard, Christine Sèvres l'interprétèrent. Il n'enregistra jamais non plus *La vache enragée, La ballade du mari trompé* et *Je t'aimais tant la belle.*

Avec *L'homme-Sandwich,* une de ses chansons les plus efficaces, bien que pas vraiment au point, était *Fredo la nature.* C'est l'histoire d'un pauvre gosse qui fuit l'école sauf la buissonnière, devient un petit truand, puis un *Julot* qui adore le jardinage et coupe le gazon pendant que ses dames arpentent le macadam. Il zigouille un pote qui *fourre ses bottes dans ses plantations* et, condamné à mort, il finit sous les géraniums qu'il aimait tant.

Ce qui était formidable, c'est qu'il ne restait plus aucune trace d'une quelconque ressemblance avec Yves Montand dans ses intonations. Il avait réussi à gommer tous les petits défauts vocaux que je lui avais signalés, ayant parfaitement compris que c'était dans son intérêt. Sa voix l'a vraiment révélé dans ses premières prestations et, au fur et à mesure de sa carrière, ses textes sont devenus de plus en plus solides.

Enfin, il nous avoua avoir donné à André Claveau, grande vedette populaire des années 50, *Les yeux d'Elsa,* d'Aragon, qu'il avait mis en musique en 1956. André Claveau ne représentait pas pour nous l'interprète idéal pour des chansons de cette qualité et nous en avions rigolé. Pourtant, lorsque nous écoutons aujourd'hui l'interprétation de Claveau, nous sommes obligés de reconnaître que malgré la voix un peu trop sucrée et cette grandiloquence surannée devenue désuète depuis les années 60 chez nos chanteurs de variétés, il a su quand même mettre en valeur la merveilleuse ligne poétique d'Aragon : *Tes yeux sont si profonds qu'en me penchant pour boire / J'ai vu tous les soleils y venir se mirer [...] Il advint qu'un beau soir l'univers se brisa / Sur des récifs que les naufrageurs enflammèrent / Moi je voyais briller au-dessus de la mer / Les yeux d'Elsa...* Nous préférions l'interprétation plus sobre bien que puissante de Jean et je dus insister pour qu'il accepte de mettre cette chanson dans son tour. Maurice Vandair était un éditeur que Jean avait rencontré en faisant sa tournée en 1955, chez les éditeurs de chansons pour se procurer des « Petits formats ». Ils avaient sympathisé et c'était lui qui avait conseillé à Jean de proposer la chanson à André Claveau.

Quelques années plus tard, ce dernier vint à *La Colombe* féliciter Jean lors d'un prix du disque qu'il venait de remporter et put ainsi connaître l'endroit où son compositeur occasionnel avait débuté. Nous le trouvâmes simple et sympathique. Jean n'acceptera qu'en 2002 que sa propre version enregistrée des *Yeux d'Elsa* puisse sortir dans une intégrale *Ferrat chante Aragon.* Il avait auparavant interdit sa publication, les arrangements n'étant pas à son goût.

Je lui offris son premier engagement au cours de l'été 1957, à peu près en même temps que celui qu'il obtint *chez Moineau*, une petite boîte sympathique de la rue Guénégaud dirigée par un vieil homme rustique, mais intuitif, où nous retrouvions souvent des artistes que nous avions fait débuter. Jean enregistra son premier super 45 tours chez *Vogue* la même année. L'orchestrateur s'appelait Jean Lemaire. On y trouve *Les mercenaires,* une chanson plutôt antimilitariste que Jean a mise en musique sur un poème de Dauvilliez, plus connu sous le pseudonyme de Guy Lauzin[1] – *Ma vie mais qu'est-ce que c'est ?,* petite valse musette, *Fredo la nature* et *L'homme-sandwich,* toutes trois de Jean Ferrat à part entière. Ce disque ne fit pas des étincelles et *Vogue* ne réédita l'enregistrement en septembre 1969 que dans un 30 cm collectif dans la collection *Mode,* où figurent aussi des chansons de Pascal Danel et Michel Delpech.

De mon côté, je continuais à écouter de nouveaux postulants. Colette Chevrot m'amena un jour Yann Berriet, un chanteur guitariste intéressant. Ce qui m'amusait chez Yann Berriet, c'est qu'il bégayait en interprétant des textes de tradition folklorique. Je ne serai jamais assez reconnaissant envers ce garçon d'avoir recommandé en 1957 à une chanteuse étonnante de venir me présenter ses chansons.

Je me souviens de l'audition où cette fille, qui ne payait pas de mine, emmitouflée dans son anorak, les cheveux défaits, demanda à me chanter une ou deux chansons, sans aucune confiance en elle, m'avouant que jusqu'à maintenant elle n'en avait fredonné qu'à des copains. Elle avait un nom impossible. Elle ne s'appelait pas encore Anne Sylvestre. Elle s'installa dans la salle du bar où nous étions seuls, posa son pied sur une chaise, tandis que je m'asseyais face à elle. Dès les premières notes, elle chanta si bas que je fus bien incapable de comprendre la moindre parole. Je me suis rapproché d'elle, à moins d'un

1. De son vrai nom Dauvilliez, Guy Lauzin fit une carrière de metteur en scène de 1954 à 1990. Défenseur ardent de la décentralisation théâtrale, il a codirigé la Comédie de Saint-Étienne. Amateur de chansons, il a mis en scène certains récitals de Tino Rossi et de Jean Ferrat.

mètre, en la priant d'essayer de chanter un peu plus fort. Le premier couplet me rassura sur sa qualité d'auteur : *La terre colle à mes sabots / Ne saurait m'en défaire / Le ciel me pèse sur le dos / J'ai pleuré les rivières / J'ai sangloté tant de ruisseaux / Mes doigts sont rivés à mon seau / Porteuse d'eau / Pour ma vie tout entière…*

J'ai écouté attentivement cette chanson mélancolique qu'elle chantait du bout des lèvres. Son visage disparaissait derrière ses cheveux. Séduit par sa sensibilité, je l'encourageai alors à m'en chanter une troisième, puis une quatrième, et ainsi de suite jusqu'à écouter douze titres de son répertoire. Le récital terminé, je lui dis à quel point je trouvais ses chansons formidables, mais que du point de vue de l'interprétation, il lui faudrait travailler beaucoup. Puis je la programmai en novembre pour chanter trois chansons ; c'était en principe la procédure lorsqu'un artiste se produisait la première fois chez moi et Anne n'était pas encore prête pour en chanter plus. Chaque soir, après son tour, je lui faisais un petit commentaire pour qu'elle puisse améliorer sa prestation le jour suivant. Comme à tous ceux qui débutaient, d'ailleurs. Mes remarques concernaient l'ordre des chansons, le regard sur le public, le jeu scénique, la concentration ou la manière de gérer sa respiration.

À ce propos, j'avais constaté que la première semaine, de par le trac éprouvé, un artiste n'était pas au meilleur de sa forme. À partir de la deuxième semaine, il avait trouvé ses marques, et je dois dire que c'était en général beaucoup mieux. En revanche, lors de la troisième semaine, il arrivait qu'il ait tendance à se reposer sur ses acquis, ce qui le faisait perdre en spontanéité. C'est là que j'intervenais de nouveau pour l'encourager à se surpasser, l'obligeant ainsi à faire des progrès. Puis, au terme de ces trois semaines, l'heure était au bilan, et j'évaluais alors le nombre de mois qui lui étaient nécessaires avant de décider d'une autre programmation. Il fallait lui laisser le temps de peaufiner son numéro, gommer ses petits défauts, revoir sa partition ou améliorer sa voix. De même, lorsqu'il revenait pour une deuxième fois consécutive et que je m'apercevais qu'il chantait toujours le même répertoire, je le priais d'en travailler au moins deux nouvelles pour son troisième passage.

J'obligeais ainsi les artistes à la création, et c'est dans cet état d'esprit que j'ai travaillé avec Anne Sylvestre et Jean Ferrat. En ce qui la concernait, la voix était plus belle et plus puissante au bout des trois semaines, et à son deuxième passage, elle eut droit à six chansons. J'ai rarement vu quelqu'un faire des progrès aussi rapides. Quant à Jean, je n'avais pas grand-chose à lui dire au niveau de l'interprétation. Il avait d'ailleurs pris, à l'âge de 17, 18 ans, quelques cours de théâtre. Il se produisait alors dans une compagnie d'amateurs nommée *L'effort*. Mes seules critiques se bornaient à essayer de lui faire éviter l'espèce de détachement dont il faisait preuve, et de lui conseiller d'intervertir l'ordre de certaines de ses chansons. C'est d'une grande importance pour la réussite d'un tour. Une chanson mal placée peut faire capoter l'attention du public.

Contrairement aux autres, Jean Ferrat avait eu droit à cinq chansons dès le départ, et à la fin de l'année 1958, il était déjà passé dans quatre ou cinq programmes.

Il est important de préciser que tous les artistes que je lançais passaient également des auditions au *Cheval d'or*, à *L'écluse*, chez *Moineau*, à *L'échelle de Jacob* ou à la *Contrescarpe,* chez *Patachou* ou *au College Inn,* pour ne citer que certains des vingt cabarets d'auteurs de l'époque. Le fait de ne pouvoir chanter qu'une demi-heure à *La Colombe* leur permettait de passer dans deux ou trois autres cabarets dans la même soirée. Dupont et Pondu m'ont raconté qu'ils avaient réussi à se produire dans onze cabarets le même soir. Cela devait être un soir de réveillon ! Cela compensait largement le fait que les cachets étaient maigres.

La Colombe était le seul cabaret qui ne prenait que des débutants. Les autres mettaient presque toujours à l'affiche un ou deux artistes qui avaient déjà fait parler d'eux, soit par la sortie d'un disque qui avait bien marché, soit par un passage dans un music-hall. J'étais toujours heureux lorsqu'un de mes débutants m'annonçait que tel ou tel de mes « collègues » l'avait engagé.

J'ai dit plus haut que Jacques Canetti avait découvert Béart à *La Colombe*. Il l'avait programmé aux *Trois baudets.* Ce cabaret-théâtre à mi-chemin entre un cabaret et un music-hall était, pour Jacques, un lieu de test pour les artistes qu'il voulait produire. Il avait fait enregistrer à Guy un 25 cm qui devait obtenir, en 1958, le Grand Prix du disque et lui valoir un passage à Bobino.

Jacques Canetti me téléphona un jour pour me parler d'une jeune chanteuse, Françoise Marin. Il avait en effet l'intention de l'engager aux *Trois baudets*. Il s'était rendu compte qu'à *La Colombe* on s'était spécialisé dans le façonnage des débutants ; ma réputation était faite ! Il me proposa de permettre à cette jeune femme de roder son tour de chant chez nous. Comme convenu, elle vint d'abord me faire écouter ses chansons, accompagnée à la guitare par son auteur, un moustachu timide. Je la programmai avec plaisir, après l'avoir entendue. C'était léger et frais, un peu bucolique ; elle jouait les fausses ingénues : *Lorsque j'étais jeunette, tout le monde m'aimait bien [...] Et Nicolas l'andouille, me faisait des papouilles / Et moi je disais rien.*

Elle avait un succès estimable ; je l'engageai pour trois semaines. Au bout de quelques jours, un soir que je prenais un verre avec Françoise et son auteur, je demandai à celui-ci, un illustre inconnu du nom de Pierre Perret, s'il avait écrit d'autres chansons. Il me répondit que oui, mais « des chansons de mecs » qu'il ne savait pas bien à qui offrir. Curieux, je l'invitai à me les chanter. *Non, non, non, moi, je ne chante pas !* Il se défendait avec vigueur de sa capacité à pousser la chansonnette. J'ai insisté, il a finalement cédé et j'ai adoré *Moi j'attends Adèle* : *Moi j'attends Adèle / Pour la bagatelle / Elle sait qu'c'est pour ça qu'elle vient / Pas b'soin d'lui faire un dessin / Comble de merveille / Pas besoin d'oseille / Et tous les sam'dis j'en ai l'exclusivité...* Les deux autres chansons qu'il me fit découvrir m'ont, elles aussi, fait beaucoup rire.

Je lui proposai de chanter dès le lendemain, à la suite de Françoise. Il me répondit qu'il n'en était pas question et que, de toute façon, il n'avait que trois chansons à son actif. Je l'ai pourtant piégé le lendemain, et c'est comme ça qu'il a débuté, lorsque je le retins après le tour de chant de Françoise. Quand j'annonçai au public qu'il pouvait lui aussi chanter, il fit une invraisemblable comédie d'un quart d'heure, faisant marrer tout le monde en se tenant le ventre, vissé sur son tabouret d'accompagnateur, mimant une colique que notre insistance provoquait. Au bout de ses trois chansons, le public en a redemandé, mais comme il n'en avait pas d'autres, *Adèle* fut bissée et il la rechanta. Je n'avais encore jamais vu un succès pareil à *La Colombe*. Émile Hébey, l'imprésario d'Aznavour qui était par hasard dans le public, l'envoya illico signer un contrat chez Barclay. Sa carrière fut lancée en un jour !

Je fis aussi la connaissance de Pierre Brunet, que j'ai fait démarrer un an après Pierre Perret. Je les compare l'un à l'autre, car Pierre Brunet, humoriste à froid sans le côté argotique de Perret, composait des petites chansons tellement drôles qu'il est dommage qu'il n'ait pu franchir la barre de la notoriété : *Je l'ai rencontrée côté cour / Elle allait vider sa poubelle / Ah nom de Dieu qu'elle était belle / Avec son petit seau à la main / Côté jardin / Aussi pour lui faire côté cour / un brin de cour j'allais vers elle / Après avoir posé poubelle nous avons rigolé un brin / Côté jardin / Elle me déclara côté cour, qu'elle était encore pucelle / Je veux le rester, me dit-elle, au moins jusqu'à demain matin / Côté jardin / Tout en m'efforçant côté cour / De devancer l'aube nouvelle / Moi je disais ça me rappelle la chèvre de Monsieur Seguin / Côté jardin.*

Je trouvais ce genre de chansons adorable. Hélas, Pierre Brunet est décédé à l'âge de 40 ans. Il était père de quatre enfants. Sa carrière dans la chanson avait démarré en flèche. Quatre mois après ses débuts, il tournait chaque soir dans quatre ou cinq cabarets. Jacques Canetti lui avait fait faire un disque, mais sa carrière n'a pas dépassé trois ans.

Beleine mit au monde un deuxième garçon, Antoine.

Après avoir organisé mes auditions un jeudi de chaque mois, je trouvais chaque fois au moins trois nouveaux en moyenne sur les trente à quarante postulants qui se bousculaient. Je m'arrangeais pour composer ainsi plusieurs mois à l'avance mes programmes avec des artistes très différents les uns des autres. Par exemple, au premier étage : un numéro drôle, un très poétique, un / une diseur(se) de sketches et un quatrième numéro contrastant avec les autres. En incluant dans chaque programme au moins une ou deux chanteuses pour respecter ce qu'on n'appelait pas encore « la parité ». Je retins ainsi : Gilles Magny, un professeur d'anglais qui taquinait la muse avec un joli jeu de guitare, et Paul Barrault, transfuge du *Port du salut*. Tous deux étaient auteurs-compositeurs.

Je réengageai également le génial Paul Hébert (cette fois sans Jacqueline Dorian). Il avait mis en musique les bouts rimés de Jacques Faizant et faisait beaucoup rire.

Il faut dire que Ferrat, aux côtés de nos artistes « maison », donnait l'impression de se mettre en retrait, de ne pas attacher d'importance à plaire ou non, et de faire le tour de chant prévu par nos conventions comme il aurait fait n'importe quel travail. C'est pourquoi je lui donnais quelques conseils pour l'inciter à s'imposer. Je n'avais que deux ans de plus que lui, mais il me semblait qu'un artiste se devait d'être plutôt extraverti que renfermé sur lui-même. Il me regardait en souriant comme s'il était étranger à mon discours et rien ne changeait.

Le public ressentait négativement cette attitude et manifestait, par ses applaudissements, beaucoup plus d'intérêt à Colette Chevrot qui les faisait rire, à Hélène Martin qui leur en imposait et même à Guy Béart qui, les interloquait souvent. Et pourtant, Jean Ferrat semblait à l'aise parmi nous, l'humeur toujours égale. J'étais devenu très vite l'ami de Guy Béart. Pour Jean, ce fut plus long.

Je n'appris que par bribes et en plusieurs mois que son vrai nom était Tenenbaum et qu'il avait préféré prendre un pseudo pour chanter et écrire des chansons. Je lui avais demandé s'il était d'origine alsacienne. *Non, je suis né à Vaucresson,* m'avait-il répondu, sans rien préciser de plus. Il avait d'abord adopté le nom de Jean Laroche et, sans quitter le travail alimentaire qui lui permettait se s'assurer des mensualités régulières, s'était présenté en audition dans plusieurs cabarets qui l'avaient refoulé. À *l'Échelle de Jacob*, Madame Lebrun la patronne, lui fit chanter pour cinq cents francs anciens, trois chansons pendant quelques jours, des chansons qui n'étaient pas de lui, mais de Mouloudji et du répertoire d'Yves Montand. Comme il « n'assurait pas », elle lui dit qu'il avait besoin de se roder.

Elle avait passé des accords avec certains petits cabarets du nord de la France et de Belgique pour leur envoyer des jeunes artistes qu'il n'était pas nécessaire de payer beaucoup. C'est ainsi que notre Jean Laroche gagna à Anvers, un contrat de trois mois dans un cabaret bruyant où il fut reçu avec moins de considération que s'il eut été un pick-up. Il y fut mal nourri et mal logé. Bref, il en revint écœuré.

Voulant tirer un trait sur cette période qui lui fit écrire *La Vache enragée* et apprenant qu'il existait déjà un artiste du nom de Jean Laroche, il avait pris une carte de France, l'avait déployée sur une table et à l'aveuglette, avait pointé son index qui tomba au hasard sur Saint-Jean-Cap-Ferrat. Éliminant le saint, il sauta le Cap et choisit de s'appeler Jean Ferrat.

Jean Laroche rayé une fois pour toutes, *La Colombe* fut donc le premier cabaret qui l'engagea et le premier endroit où il interpréta ses propres chansons.

Comme je l'ai expliqué, le public de *La Colombe* lui manifesta une certaine indifférence pendant les six premiers mois. Trois chansons nouvelles à son répertoire allaient transformer brusquement cette indifférence en intérêt, puis en admiration. *Ma môme* fut un succès immédiat : *Ell' joue pas les starlettes / Ell ' met pas des lunettes de soleil / Ell ' pos' pas pour les magazines / Ell ' travaille en usine / À Créteil [...] On s'dit toutes les choses qui nous viennent / C'est beau comm' du Verlaine / On dirait / On* regarde *tomber le jour / Et puis on fait l'amour / En secret...*

Jean en avait composé la musique sur un poème de Pierre Frachet, que j'avais aussi engagé depuis peu au premier étage avec des sketches d'humour, certains chantés qu'il accompagnait à la machine à écrire en imitant les dactylos de l'époque. Il écrivit d'autres textes de chansons pour lui-même et deux au moins pour Jean qui les mit en musique : *Regarde-toi Paname* et *L'éloge du célibat.*

Bien que les textes de *Ma Môme* et de *Regarde-toi Paname* ne soient pas de Jean, elles définissent complètement son état d'esprit. Il n'était pas convaincu à l'époque qu'il était capable d'écrire de bons textes, alors il trouvait pratique d'en trouver chez de jeunes camarades.

Beleine et moi avions invité Jean à deux ou trois reprises pour partager un repas dans notre modeste appartement ou sur la petite terrasse de *La Colombe,* le dimanche, jour de notre fermeture. Au cours de ces repas, comme je lui faisais des compliments sur ses dernières chansons et que j'évoquais *Ma Môme,* il me confia que son thème lui tenait particulièrement à cœur. En effet, il avait travaillé dès l'âge de quinze ans pour aider financièrement sa famille, d'abord comme apprenti, puis comme ouvrier dans un laboratoire du bâtiment et des travaux publics qui faisait des études sur la résistance des matériaux. Il était sans diplôme et avait pris des cours du soir pour devenir ingénieur chimiste en poursuivant un cursus au CNAM.

Au contact des ouvriers du laboratoire, il avait pris conscience de la nécessité de se syndiquer à la CGT, choqué par les injustices dont il était le témoin. Il en avait connu des camarades de travail vivant dans des *banlieues surpeuplées* ! La maman de Jean, Antoinette née Malon, originaire du Puy-de-Dôme, travaillait également comme ouvrière dans une usine où elle fabriquait des fleurs artificielles. Une chanson comme *Ma Môme* ne faisait que révéler la vie humble, quotidienne d'un jeune couple ouvrier trouvant malgré tout son bonheur dans la vie simple.

Nous parlâmes aussi de *Regarde-toi Paname* qui, plus critique, prend le contre-pied des chansons sur Paris : *Paris sera toujours Paris, Ça c'est Paris !, J'ai deux amours, mon pays et Paris, Revoir Paris, Paris, c'est une blonde, Paris, mais c'est la tour Eiffel...* Je vous fais grâce des autres !

C'était la première fois que l'on osait chanter que Paris n'était pas la panacée. Quelques phrases de cette chanson suffisaient à révéler l'inconcevable pour qui connaissait la vie rurale : *[...] À trois pas de tes hauts marbres / En face du quai de Passy / Y a des mômes de par ici / Qui n'ont jamais grimpé aux arbres...*

Je lui racontai que cette chanson intriguait beaucoup les Américains, qui en comprenaient les mots sans en saisir le sens. Il fallait que je leur explique ! Ils ne pouvaient pas imaginer qu'un Français puisse dire du mal de sa ville, cette ville qu'ils considéraient comme la plus belle ville du monde. Je devais leur faire un cours sur l'esprit critique français ! Cela le fit beaucoup rire.

Pour la petite histoire, Jean Ferrat et Pierre Frachet furent en froid un certain temps. Pierre reprochait à Jean, lorsqu'il chantait ses textes, de ne pas annoncer au public qu'il en était l'auteur. De moins en moins, les interprètes le faisaient, trouvant que cela surchargeait le bla-bla et que cela n'intéressait pas le public. Je n'ai pas entendu dire que leur brouille dura longtemps, mais en tout cas, Jean cessa de mettre Frachet en musique.

La troisième chanson qui permit à Jean d'être apprécié par nos amis spectateurs fut sans conteste *Federico García Lorca*. Il est cette fois, l'auteur du texte à part entière. C'est un de ses autres amis, Claude Henri-Vic, qui lui en écrivit la musique, inspirée du flamenco gitan qui, sur ce texte magistral, est somptueuse : *[...] Si ta voix se brisa / Voilà plus de vingt ans qu'elle résonne encore / Federico García / Voilà plus de vingt ans, Camarades Que la nuit règne sur Grenade / Il n'y a plus de prince dans la ville / Pour rêver tout haut / Depuis le jour où la Guardia civil / T'a mis au cachot...*

Les sérénades des guitares, le tocsin, le sang, tout est réuni dans le décor de cette chanson sans qu'aucun cliché l'appauvrisse.

Quelques années plus tôt, García Lorca était un des poètes préférés de Jean alors adolescent, très ému de l'histoire tragique de ce poète humaniste dans l'Espagne de Franco. En me confiant l'admiration qu'il lui portait, Jean me raconta aussi qu'à l'âge de dix-sept ans, il adorait la musique classique et rêvait de devenir chef d'orchestre. Ce n'est qu'à la Libération qu'il se mit à découvrir et à aimer le jazz.

En matière de chansons, il avait connu parmi les siens des discussions identiques à celles que j'avais moi-même connues dans ma famille. Chez lui, deux clans s'affrontaient : les amateurs de Tino Rossi et ceux de Charles Trenet, dont il faisait partie. Je lui racontai alors que chez moi (j'avais deux ans de plus que lui, c'était avant que le fou chantant ne se fasse connaître), mes parents étaient fans de Tino Rossi et moi d'un ténor charismatique d'origine polonaise qui s'appelait Jean Kiepura, marié à une talentueuse cantatrice classique du nom de Marta Eggerth. En France, on n'a plus entendu parler ni de l'un, ni de l'autre après la Seconde Guerre mondiale et pourtant, il paraît qu'ils prolongèrent leur carrière aux États-Unis jusque dans les années 60.

Jean Ferrat, de son côté, chantera en 1969 dans *L'idole à papa : Il y avait deux clans dans ma famille / Du temps où j'étais un mouflet / Tino Rossi faisait pâmer les filles / Et tous les garçons rigolaient...*

Au fur et à mesure que nous sympathisions, ses confidences se faisaient plus détaillées. Il m'apprit ce qu'il avait vécu pendant son enfance, l'étoile jaune qu'on l'obligea à porter à onze ans alors qu'il ignorait ce que ça signifiait d'être juif. Son père, Mnasha, un brave homme artisan joaillier né en 1886 à Krasnodar, avait fui les pogroms de Russie en 1905 et obtenu sa naturalisation française en 1928. Il avait épousé Antoinette et élevé sa fille Raymonde et ses trois garçons Pierre, André et Jean, dans une totale laïcité. Entre Raymonde, l'aînée, et Jean le petit dernier, il y avait vingt ans de différence. En 1935, Antoinette avait quitté son métier pour s'occuper de ses enfants et la famille trouva un petit appartement à Versailles. Mnasha était persuadé que malgré son étoile jaune, il n'avait rien à craindre de la police française, puisqu'il était devenu un bon Français. En 1941, il fut raflé dans la rue, emmené à Drancy, puis transféré à Auschwitz d'où il ne revint pas.

Il m'apprit aussi qu'il n'avait jamais oublié que sa mère, ses frères et lui furent sauvés de la déportation grâce à des militants communistes admirables qui, pendant quatre ans, se consacrèrent à sauver des familles juives. Ils leur faisaient des faux papiers, leur trouvaient des cachettes dans tous les coins de France, où des relais étaient assurés par ces braves gens qu'on appellera un jour des « justes ». C'est ainsi que Jean se retrouva scolarisé à Font-Romeu, pour suivre sa sixième et sa cinquième. Puis il put rejoindre sa tante (la sœur d'Antoinette) à Versailles où il continua sa scolarité au collège Jules Ferry. Jean garda toute sa vie une reconnaissance sans faille aux communistes, mais refusa toujours de se mettre « en carte ».

La tante de Jean avait perdu son fils avant sa naissance. Elle était venue vivre dans la famille de sa sœur et s'était occupée du petit dernier avec une grande tendresse. Jean précisait qu'il avait eu la chance d'être entouré et choyé par trois femmes, sa mère, sa grande sœur et sa tante.

À la débâcle allemande, toute la famille voulut se regrouper dans les Pyrénées-Orientales, mais Raymonde fut internée à Perpignan par la Gestapo et sa mère interrogée. L'un de ses frères réussit à s'échapper et à se cacher dans la montagne. Pendant plus d'un mois, Jean et sa tante vécurent dans un petit hôtel de Perpignan jusqu'à ce que sa sœur soit libérée. Ils gagnèrent alors Toulouse, puis furent recueillis dans une ferme de l'Ariège par des paysans (des justes, eux aussi).

À la Libération, la famille de Jean Tenenbaum revint à Versailles et attendit quelques mois le retour de Mnasha, le papa, avant d'avoir la certitude qu'il ne reviendrait pas. Elle n'apprit qu'en 1946 que le brave homme était passé dans un four crématoire en octobre 1942.

Ce drame inoubliable le marqua pour la vie et la chanson superbe qu'il écrivit, *Nul ne guérit de son enfance*, fut en gestation dans ses tiroirs pendant de longues années avant qu'il consentît à la terminer, la chanter et l'enregistrer en 1991. Après avoir évoqué les vacances d'été avec ses frères et sœur et le goût des confitures, il y décrit le bouleversement brutal de leur vie : *[...] L'image d'un père évanouie / Qui disparut avec la guerre / Renaît d'une force inouïe [...] Celui qui vient à disparaître / Pourquoi l'a-t-on quitté des yeux / On fait un signe à la fenêtre / Sans savoir que c'est un adieu...*

Quelle écriture ! Quelle force ! Pour quelqu'un qui croyait ne pas savoir écrire ! Nous n'avions certes pas connaissance de cette chanson à cette époque, mais son histoire telle qu'il nous l'avait racontée sobrement nous faisait comprendre ce que j'ai appelé plus haut son détachement. La chanson se conclut par sa redécouverte de l'innocence dans les bras de son amour-femme qui lui permet de *se guérir de son enfance.*

Jean voulut que Beleine et moi fassions la connaissance de sa mère, alors nous sommes allés un jour lui rendre visite dans le petit appartement de la rue des Pyrénées. Elle nous a reçus simplement, mais avec l'évidente angoisse de ne pas accueillir dignement les employeurs de son fils. Il nous fallut lui expliquer qu'en réalité, il y avait entre nous des rapports d'amitié plus que de « patron à employé » !

Jean avait gardé une chambre dans ce modeste appartement.

Au cours de la deuxième année de son passage à *La Colombe*, il retrouva Christine Sèvres que j'avais engagée au premier étage. Il la connaissait pour lui avoir donné deux ans plus tôt la chanson *Betty de Manchester.* Elle chantait entre autres *Nous deux* de Ferré, *Point de vue* de Jean Arnulf, une ou deux chansons de l'Opéra de quat'sous que je lui avais conseillé de travailler, *Philistins* ainsi que *Le gros dégueulasse, (Le bistrot)* de Brassens. Elle devait par la suite interpréter de nombreuses chansons de Jean. C'était une merveilleuse interprète, comme j'en ai rarement vu, sur les deux cents artistes que j'ai pu faire débuter. Cette Christine reste, avec Hélène Martin, l'une des meilleures chanteuses qu'il m'ait été donné d'entendre. Hélène Martin chantait avec sa guitare, alors que Christine Sèvres, avec sa prestance extraordinaire, se produisait debout, accompagnée au piano. Grâce à sa voix aux accents argotiques et son regard captivant, on ne pouvait pas ne pas être fasciné. Pour moi, c'était la plus grande. Je ne fus pas étonné qu'elle séduise Jean Ferrat, et que ce dernier la séduise. Ils se sont mariés, mais pas à *La Colombe*, tel que l'écrivit un journaliste de l'époque. Très différents l'un de l'autre, elle toujours nerveuse, passionnée, excitée, lui calme et placide, bien qu'attentif. L'homme qui un an auparavant chantait *L'éloge du célibat en ces termes : La fille que j'aurai un jour dans la peau / Je crois bien qu'elle est toujours au berceau [...]* qui concluait par : *Un beau soir on enterre entre amis / Sa vie de célibataire endurci / Quand la morale d'une histoire est tirée / Comme dit l'autre il faut la boire...* ne s'était pas trompé dans sa conclusion !

Christine avait eu une enfance et une adolescence particulièrement tourmentées du fait du divorce de ses parents. Elle gagna sa vie très tôt en passant d'un petit métier à un autre.

Avant de se trouver un appartement à Ivry, Christine et Jean vécurent près de six ans à l'étroit dans l'appartement de la rue des Pyrénées. Christine avait une fille de sept ans d'un premier mariage, Véronique Estel. Avant de les rejoindre à Ivry, elle vécut chez ses grands-parents. Jean lui voua l'amour d'un papa attentif. Elle est aujourd'hui devenue une comédienne d'une grande sensibilité.

Les journalistes qui, depuis le début de la réussite de Guy Béart, venaient souvent assister à nos programmes pour repérer de nouveaux talents et en informer sans tarder leurs lecteurs, ne manquèrent pas d'être sensibles à la qualité des dernières chansons de Jean. Quelques-uns commencèrent à parler de *Cet ex-Versaillais Ferrat plus fort que Trenet* ou *Jean Ferrat le poète.*

Lors de ses interviews, interrogé sur les différents cabarets où il passa, il ne manqua jamais de parler de sa préférence pour *La Colombe* et de rappeler que j'avais été *le premier à croire en lui. Ce qu'il a de bien Valette, c'est qu'on peut compter sur lui, c'est rare, ça, dans le métier. Il travaille très sérieusement, avec fiches, programmes à long terme, etc. Lorsqu'il vous dit que vos chansons lui plaisent et que dans six mois, tel jour à telle heure, vous passerez chez lui, vous pouvez être sûr que ce sera ainsi.*

Je voudrais rendre hommage, quant à moi, à la clairvoyance de Francis Claude qui, dès le premier disque de Jean Ferrat chez Vogue, sut écrire : *Ses chansons ont une qualité primordiale, elles se situent hors du temps et de la mode par leur simplicité, la vraie simplicité qu'on obtient à la fin et qui demande beaucoup de culture, de goût, de travail et de sensibilité. Accommodés à la sauce de Jean Ferrat, la vie et les mots de tous les jours prennent une saveur nouvelle.*

Et Francis Claude cite aussi une parole de Jean Cocteau :

Tout peintre, quoi qu'il peigne, fait toujours son autoportrait...

Chapitre III

Gérard Meys, l'homme de la lumière

Le 23 juin 1959, disparut Boris Vian. Sa mort fut ressentie avec douleur dans toutes les petites boîtes à chanson de Paris. Sa chanson *Le déserteur* avait été chantée si souvent par les jeunes chanteurs rebelles qui le vengeaient d'avoir été censuré à la radio ! Jean Ferrat fut très touché par cette disparition.

Peu après, l'avenir de la carrière de Jean prit une tournure décisive. Il eut la chance, l'immense chance, très vite, de rencontrer un garçon extraordinaire à qui il doit la lancée de sa carrière sur des chapeaux de roues. Non pas que son talent n'aurait pas été découvert, mais l'on peut supposer que son naturel timide, sa difficulté à se mettre en avant, et sa simplicité légendaire ne l'auraient pas conduit si rapidement sous les feux des projecteurs ou en tout cas, l'auraient sérieusement retardé. N'avait-il pas d'ambition ? Certes, il en avait une, celle d'arriver à faire correctement son métier, comme un artisan et de gagner sa vie normalement. Mais l'ambition d'être mis en vedette, de gagner beaucoup d'argent, de s'acheter de belles bagnoles, de fréquenter les VIP, de passer les nuits dans des boîtes de luxe, d'avoir deux ou trois maisons et un bateau, sûrement pas. Il n'était pas tenté par ce genre de réussite. Et il ne ferait jamais l'effort d'y parvenir.

C'est en fin d'année 1959 qu'un matin, je vis arriver dans mon appartement de *La Colombe* un petit jeune homme qui circulait à vélo ! Il s'appelait Gérard Meys, et il était coursier chez Philips. Ami de Christine Sèvres, il m'expliqua qu'elle lui avait fait découvrir « son homme » à *La Colombe* où il était venu l'écouter quelques jours plus tôt. Emballé, il nourrissait depuis le projet de devenir directeur artistique de Jean Ferrat. Il savait que Jean et moi étions des amis et compte tenu de ce que Jean lui avait dit sur ma façon de travailler avec les artistes, mon avis lui importait.

Il me demanda ce que je pensais de son idée. Je lui répondis que je croyais beaucoup en un futur merveilleux pour Ferrat, qu'il avait la carrure pour devenir une immense vedette, mais que je n'étais pas certain que mon jeune interlocuteur ait l'expérience nécessaire pour le diriger. *Avait-il été formé pour ce métier ? Se rendait-il vraiment compte du travail que cela pouvait représenter ? Et surtout, avait-il les fonds nécessaires pour financer les séances d'enregistrement, la paye des musiciens, des arrangeurs et des copistes, la location des studios, ainsi que le travail de promotion* ? Il me répondit qu'il avait étudié tout cela, que depuis plusieurs années chez Philips, il avait pu détailler tous les rouages du métier d'agent artistique et qu'il était sûr de pouvoir l'exercer et en tout cas, mieux que beaucoup de petits rigolos qu'il avait vus à l'œuvre. En récente expérience, il avait travaillé aux Éditions Tutti, la maison d'édition rattachée à Philips, où il n'avait plus été coursier, mais conseiller artistique. Qu'il avait déjà préparé la création d'une maison d'édition qui s'appellerait Alleluia et que Jean était d'accord pour lui confier toutes ses chansons.

Je le trouvai très sympathique, c'était un fait, mais néanmoins, je restais sceptique. Et je voulus lutter contre ce scepticisme. Ce garçon donnait l'impression d'avoir une telle foi dans sa réussite et un tel dynamisme, qu'après tout, pourquoi pas ? Il m'assura qu'il allait trouver les budgets ; cela ne lui paraissait pas insurmontable. Je n'avais pu m'empêcher de sourire, mais lorsque nous nous quittâmes, je lui souhaitai bon courage et bonne chance.

De toute façon, Jean ne faisait pas le poids tout seul pour aller vanter son travail, promouvoir ses disques, faire ce que l'on appelait *son service après-vente*. Il y avait en lui une nonchalance dont il se moquait lui-même quand on lui demandait quel était son principal défaut. Il répondait : *Je suis un peu lymphatique*.

En y réfléchissant de plus près, je me dis que finalement, ce Gérard Meys, de par sa simplicité, sa sincérité, son dynamisme, sa foi dans le talent de Jean devait lui plaire. Depuis ses premières tentatives à se faire connaître dans le domaine de la chanson, Jean avait déjà rencontré tellement de hâbleurs pratiquant la langue de bois et de gommeux sans culture à l'affût d'un bon coup, que la franchise sans équivoque de Gérard pouvait le séduire. En tout cas, j'appelais de tous mes vœux à leur réussite.

Ce fut entre eux le début d'une grande amitié qui ne faillit jamais tout au long de leur vie.

Je voudrais à cette occasion, rappeler un souvenir concernant Paul Barrault, un autre auteur-compositeur que j'avais engagé récemment. Il passait depuis deux ans dans un cabaret d'amis, *Le Port du Salut*. Guy Béart y avait été engagé quelques mois après ses débuts à *La Colombe* ainsi que Colette Chevrot et tous deux avaient incité Paul à venir me voir. Paul Barrault était un comédien venu à la chanson. Il avait écrit des chansons très poétiques comme celle où il racontait joliment que depuis l'arrivée de l'homme sur la lune, on pouvait déplorer que : *La lune n'est plus / Elle est morte pour l'amour / Plus qu'une danseuse à la mode de nos jours.* Il aimait particulièrement les fêtes foraines ou les retraites aux flambeaux alors il créait des chansons rurales charmantes, à la manière flonflon, de celles que l'on entonnait autrefois dans les bals paysans. Je me souviens du *Bal d'Hortense,* qui raconte l'histoire d'une gamine qui danse depuis l'âge de 5 ans, et qui épuise tous ses partenaires sur la piste, jusqu'au jour où elle en rencontre un à sa hauteur, qui réussit là où tous les autres ont échoué, car elle est épuisée avant lui. La chanson se termine quand il se vante de danser depuis l'âge de 3 ans ! Dans les cabarets de l'époque, ce genre de chansons était adoré par nos spectateurs. *Les moineaux de Paris* étaient du même acabit. Je lui disais : *Mais va voir les Frères Jacques, avec cette chanson !* Dans la salle, le public participait gaiement en produisant des bruits de moteur et d'oiseaux pour illustrer les paroles.

Paul Barrault et Jean Ferrat avaient sympathisé. Ils avaient en commun le goût des thèmes simples et populaires, sans toutefois tomber ni dans le mélo, ni dans le banal. Ils se trouvaient à peu près au même niveau dans leur métier et le public leur réservait un accueil similaire. J'ai raconté le soir même à Paul, mon entrevue avec Gérard Meys, en lui disant que ce petit jeune homme voulait s'occuper de Jean Ferrat. Il avait éclaté de rire ! Il a eu un jugement trop rapide, car autant Paul fut incapable d'assurer son propre service après-vente, autant Gérard Meys se révéla un agent artistique remarquable !

La première chose que fit Gérard fut d'enregistrer sur un petit magnétophone les dernières chansons que Jean avait mises à son répertoire et d'en proposer la bande magnétique chez Philips, puis chez Pathé Marconi qui ne furent intéressés ni l'un ni l'autre. Le vent tournait pour les chanteurs de qualité dans les maisons de disques. Johnny Hallyday venait de sortir son premier disque dans la maison *Vogue* où Jean avait enregistré ses quatre premières chansons !

Gérard ne se décourageait pas de voir arriver sur le marché du disque une nouvelle vague de jeunes chanteurs comme il y avait eu dans le cinéma une nouvelle vague de jeunes réalisateurs (sur le plan de la qualité, la comparaison s'arrête là.). Son métier de coursier l'avait amené à fréquenter la Maison de la Radio, Radio Luxembourg et les bureaux d'Europe 1. Il avait su y tisser des relations amicales avec Lucien Morisse, entre autres, le directeur des programmes à Europe 1. Ce dernier le présenta à Daniel Filipacchi, le créateur de la fameuse émission *Salut les Copains* qui n'était pas pour rien dans l'émergence de la nouvelle vague dont je parlais ci-dessus. Il venait tout juste d'être agréé comme directeur artistique chez Decca / RCA et la première chanteuse qu'il enregistra fut une petite jeune nommée Sylvie Vartan. Il fallait ne douter de rien, comme Gérard, pour lui faire écouter *Federico García Lorca* et *Ma Môme !* Au demeurant, Daniel Filipacchi était sympa et le fait que Lucien Morisse lui recommandât ce Gérard Meys, entiché de ce Jean Ferrat dont les chansons lui paraissaient plutôt compliquées, lui fit prendre une décision exceptionnelle :

Écoute, ce que chante ton chanteur, je n'y comprends rien. Mais tu as tellement l'air convaincu d'avoir affaire à un phénomène que si tu veux, je le prends dans mon équipe et lui signe un contrat de trois ans, mais je ne m'en occupe pas ! C'est toi qui assureras complètement sa direction artistique. Mais attention, au bout de trois ans, son contrat sera caduc. À toi de jouer !

Gérard était fou de joie. Les éditions Alleluia[1] virent le jour et très vite, Gérard organisa une séance d'enregistrement de quatre titres : *Ma Môme, Regarde-toi Paname, Federico García Lorca* et *L'éloge du célibat.* Chez Philips, Gérard Meys avait repéré les excellentes orchestrations d'Alain Goraguer.

Cet ami de Boris Vian, avec qui il avait écrit plusieurs chansons telles que *Je bois, La Java des bombes atomiques, Fais-moi mal Johnny* (créée par Magali Noël) et *Ne vous mariez pas les filles,* mais aussi la musique du film *J'irai cracher sur vos tombes* (1959) et les premières parodies d'Henry Cording (le pseudonyme d'Henri Salvador), avait réalisé également les orchestrations d'un jeune artiste, Serge Gainsbourg, et d'autres musiques de film, comme *L'eau à la bouche* (1960).

Mais Alain Goraguer était sous contrat chez Philips. En écoutant les quatre titres que lui présenta Gérard, il tint à les orchestrer, mais son contrat lui interdisait de le

1. L'éditeur musical, ou éditeur graphique (qu'on appelle vulgairement l'éditeur-papier), a une grande importance dans le lancement des chansons. Au départ, il imprime les Petits formats qui publient les paroles et les musiques des œuvres qu'il édite et il prend la responsabilité d'aider à leur diffusion. Il touche un pourcentage sur les droits d'auteur lors des répartitions de la Société des auteurs, compositeurs et éditeurs de musique (SACEM), ce qui lui permet de financer la promotion des chansons.

faire par une clause d'exclusivité. Alors, pour réaliser les orchestrations chez Decca, ils trouvèrent ensemble un subterfuge : signer sous un pseudonyme. Alain, pour se rallier ironiquement à la mode des pseudos anglais, choisit celui de Milton Lewis. C'est ainsi qu'il signera toutes les orchestrations des disques de Jean à paraître chez Decca / RCA. Il se révéla un orchestrateur hors pair qui fut fidèle à Jean jusqu'à sa 201e chanson.

Un super 45 tours du premier enregistrement sortit en 1960 dans les mois qui suivirent. Il fut bien accueilli par les spectateurs de *La Colombe* et par quelques critiques. *Ma Môme* fut diffusée convenablement en radio.

Philippe Clay voulut mettre à son répertoire *Regarde-toi Paname.* Jean-Claude Pascal, qui fréquentait régulièrement *La Colombe*, lui prit *Ma Môme* et *L'éloge du célibat.* Francis Lemarque enregistra aussi *Ma Môme*, et plus tard, Nilda Fernandez la reprit.

Mais le disque ne fut pas une réussite commerciale. Jean fut un peu déçu. Pas Gérard Meys, qui se préparait déjà pour une deuxième offensive. En attendant, il avait pris en main, avec l'accord total de Jean, en plus de l'édition de ses chansons et de sa direction artistique, sa promotion, son secrétariat, l'organisation de ses concerts et de ses relations publiques comprenant la presse, la radio et la télévision.

Le « matériel chansons » dont il avait besoin pour continuer à produire, se peaufinait en public chez nous. Le texte de *Paris Gavroche* avait été donné à Jean par deux auteurs, Georges Bérard et Charles Riniéri. Jean avait su l'habiller d'une musique entraînante et légère dans les couplets : *Rangez vos fracs et vos baisemains / Vous voyez bien qu'j'ai du béguin / Pour un gamin nommé Gavroche /* contrastant avec une certaine gravité : *Mais sur Gavroche / La boule a trébuché / Et les tambours / Dans les faubourgs / Se sont arrêtés /* surtout dans le refrain qui reprend en les adaptant, les célèbres vers de Victor Hugo : *Je suis tombé par terre / C'est la faute à Voltaire / Le nez dans le ruisseau / C'est la faute à Rousseau...*

J'entends, j'entends est le deuxième texte d'Aragon que Jean ait mis brillamment en musique. Ce texte magnifique, très littéraire, fut pourtant apprécié par des gens sans aucune connaissance en matière de poésie. Il contribua ainsi à faire reconnaître et aimer Louis Aragon comme l'un de nos plus grands poètes. Ce texte est tellement riche d'un bout à l'autre que j'ai du mal à en tirer des extraits, mais je suis certain qu'à la lecture des premières rimes, l'eau vous viendra à la bouche de le redécouvrir dans son intégralité : *J'en ai tant vu qui s'en allèrent / Ils ne demandaient que du feu [...] J'aurais tant aimé cependant / Gagner pour vous, pour moi perdant / Avoir été peut-être utile / C'est un rêve modeste et fou / Il aurait mieux valu le taire / Vous me mettrez avec en terre / Comme une étoile au fond d'un trou...*

La collaboration entre Jean et Alain Goraguer fonctionna à merveille. Elle se transforma très rapidement en une complicité amicale. Jean avait suffisamment de connaissances musicales pour ne pas heurter Alain lorsque ce dernier lui apportait des suggestions, et Alain assimilait tellement bien l'esprit dans lequel Jean s'exprimait, qu'il allait initier pour lui ce qu'un jour on appellerait le *son Ferrat.*

J'entends, j'entends fut chanté par de nombreux interprètes, en particulier Christine Sèvres, Francesca Solleville, Françoise Fabian, Cora Vaucaire et Catherine Sauvage.

Le deuxième super 45 tours en préparation comporta, avec les deux dernières chansons que je viens de citer, une chanson composée entièrement par Ferrat, paroles et musique, que mon épouse Beleine et moi avons toujours adorée. Elle s'intitule *Ta chanson.* Beaucoup de couples ayant à leurs débuts lutté ensemble peuvent s'y reconnaître. Il est évident que Jean en a fait une chanson d'amour pour Christine, mais certainement pas une chanson banale. C'est le premier texte où l'écriture est influencée par Aragon. Et c'est un bonheur. Qu'on en juge par ces extraits : *Non je ne veux pas croire / Que dans d'autres mémoires / Il ne resterait rien / Rien de notre bel âge / Ni des mille visages / De notre amour sans fin [...] Ce soir hors de moi-même / Je veux crier « Je t'aime » / Comme peuvent hurler les loups / Pour faire ta chanson...* Il formule bien ce que nombre de créateurs voudraient exprimer, l'importance qu'il y a de laisser dans les mémoires une trace de ce qui fut grand dans nos histoires.

La quatrième chanson de ce disque, intitulée *Ma fille,* sera empruntée à Jamblan, que l'on connaît pour sa chanson *Et c'est pour ça qu'elle est ma mie.* Le thème en est léger et rappelle l'esprit de *L'Éloge du célibat.* Jean l'a mise en musique sans se reprocher quoi que ce soit. Lorsque l'on fait un tour de chant dans un cabaret, il faut savoir l'émailler de transitions qui soient faciles d'accès et fassent rire le public comme celle-ci : *Tu d'viens belle tu t'poses un peu là / Quand l'fils du boucher t'fait du plat / J'vais t'mettre en chansons ma fille [...] D'ailleurs aujourd'hui la chanson / Ça rapporte plus rien qu'des vétilles / J'vais t'foutre en maison ma fille...*

Il est possible que le disque aurait pu se passer de cette chanson ! Il était difficile pour moi d'en juger, car à l'époque, je me fiais à la première écoute du public et à son adhésion immédiate. J'ai appris par la suite la différence entre les chansons faites pour la scène, qui pouvaient ne pas plaire en disques et les chansons que l'on écoute tout seul chez soi, sans pour autant qu'on ne puisse les entendre dans une salle.

J'ai retrouvé un programme d'octobre de *La Colombe* cette année-là. Jean Ferrat y rodait déjà d'autres chansons.

Du 20 octobre au 8 novembre 1961

1ER ÉTAGE

Anne GACOIN – LES FRERES ENNEMIS –
Pierre LOUKI – Marion KOUZAN

REZ-DE-CHAUSSÉE

Jean BERIAC – Isabelle FLORENT –
Paul HEBERT – Anne SYLVESTRE – Jean FERRAT

Quatre « grosses pointures » dans un même programme devant une cinquantaine de spectateurs chaque soir, cela laisse rêveur aujourd'hui !

En cette année 1961, si créative pour Jean, *La Colombe* continuait son activité de découverte de nouveaux talents, la clientèle s'amplifiait, on refusait du monde au premier étage et le livre d'or se garnissait chaque semaine de nouvelles signatures de personnalités importantes. Fidèle à mes théories, je n'annonçais jamais la composition de mes programmes à l'avance. J'avais fait savoir à mon ami Guy Béart qu'il était désormais trop connu pour en faire partie. Dès 1958, il avait reçu un prix du disque, il était chanté par de nombreux artistes renommés et il enchaînait les spectacles de music-hall et les tournées en vedette.

Je lui promis qu'il pourrait toujours, s'il en avait envie, venir roder à l'improviste ses dernières chansons, ce qu'il fit par la suite.

À *La Colombe*, nous avions constaté que notre terrasse couverte de vigne vierge faisait le plein durant l'été. Nous fermions alors la salle du premier pendant deux à trois mois. Nos clients de la terrasse ne venaient que pour dîner ou souper dans la fraîcheur et se souciaient peu d'assister à des spectacles. Nous les retrouvions d'année en année. Nos prix étaient les mêmes qu'à l'intérieur, nous permettant de récupérer le déficit que nous accusions l'hiver avec un programme trop important.

Cela allégeait également le travail de Beleine puisque je pouvais seul, m'occuper du rez-de-chaussée. Nous nous sommes mis à louer chaque année en juin et juillet une petite maison de vacances à Riva Bella, au bord de la mer. Beleine pouvait y emmener les enfants alors âgés, en 1961, de trois et cinq ans. Nous pûmes adopter ce style de vacances pendant trois ans.

À la fermeture de *La Colombe* le dimanche, à 3 ou 4 heures du matin, je partais en voiture pour les rejoindre et je revenais le lundi dans la matinée. J'avais à ce moment-là une Frégate Renault assez vaste dans laquelle je pouvais emmener cinq personnes. Ainsi à chaque voyage, je pris l'habitude de proposer à deux membres du personnel et trois artistes de prendre l'air du large. Nous arrivions au petit matin, vers les sept heures, pour le petit-déjeuner avec Beleine et nous partions ensuite dormir sur la plage. Ainsi, Paul et Monique Barrault, Paul Hébert, Jean Ferrat et Christine Sèvres, quelques autres artistes ainsi que nos serveurs de *La Colombe*, Marcel Bruandet, Jean-Pierre Billon, Bernard et Yvonne Billy et quelques autres employés de la cuisine furent du voyage à tour de rôle.

Je crois bien que c'est sur la plage de Riva Bella que Jean entendit une petite fille d'environ quatorze ans demander à sa mère ce qu'étaient ces gros blocs de béton et à quoi ils servaient. Qu'une petite fille ignore les blockhaus, et par voie de conséquence, les horreurs de la dernière guerre, de l'action criminelle des nazis et de la Shoah, lui fit craindre que le souvenir des camps d'extermination où avaient péri des millions de gens dont son propre père ne tombe dans l'oubli. Il décida d'en faire une chanson dont il gardera et peaufinera l'ébauche pendant quelques années. Nous en parlerons plus loin.

Nous avons été très émus lorsque Christine Sèvres nous a révélé qu'elle découvrait la mer pour la première fois.

Cette détente sans aucun chichi enchantait Jean et nous permettait de nous ressourcer. À *La Colombe,* nous n'avions pas souvent le temps de bavarder d'autres choses que celles qui concernaient le travail. Nos contacts s'enrichirent et il nous arrivait aussi de commenter l'actualité, notamment, sur *l'opération de maintien de l'ordre,* ainsi qu'il fallait nommer la guerre d'Algérie. Elle connaissait ses derniers soubresauts. L'OAS, après l'échec du putsch des généraux félons, multipliait les attentats, et la police française massacra plus de 200 Maghrébins dans une manifestation pacifiste qu'ils avaient organisée à Paris pour protester contre les arrestations arbitraires dont ils étaient victimes.

Jean Ferrat était très attentif à l'évolution de ces événements, et nous nous sommes retrouvés plusieurs fois côte à côte, dans des manifestations de protestation comme celle de Charonne, qui aura lieu en 1962.

De son côté, Gérard Meys était là pour lutter contre le « *lymphatisme* » de son ami chanteur et lui faisait travailler ses nouvelles chansons. Ce dernier avait destiné l'une d'elles à une chanteuse du nom d'Isabelle Aubret. J'avais entendu cette jeune femme peu avant à la radio dans une chanson de Maurice Vidalin et de Jacques Datin, *Le Gars de n'importe où*. J'avais apprécié son timbre de voix bien particulier et la fraîcheur de son interprétation. De son côté, Jean avait reçu de Madame Claude Delécluse un texte qu'il avait eu envie de mettre en musique et quand cela fut fait, il ne voulut pas la chanter lui-même. C'était *Deux enfants au soleil.* Il en parla à Gérard Meys. Je crois que c'est ce dernier qui eut l'idée de la proposer à Isabelle.

C'était la première fois que Claude Delécluse envoyait un texte à Jean. Elle avait déjà, dans l'ombre, depuis plusieurs années, joué un rôle capital dans la chanson française avec son amie et co-auteure Michelle Senlis, en fournissant des textes de qualité à des interprètes comme Germaine Montero, Édith Piaf, Michèle Arnaud, Patachou, Léo Ferré et Mireille Mathieu. Restant toutes deux inconnues du grand public, car elles n'éprouvaient pas le besoin de se montrer, elles en écriront, au cours des années à venir, de nombreux à Jean Ferrat, Jacqueline Dulac, Régine, Francesca Solleville, Évelyne Geller et à bien d'autres. Il faut leur rendre hommage. Elles ont apporté une énorme contribution à la chanson littéraire et populaire

La stratégie de Gérard Meys en 1961, était de sortir avant la fin de l'année, un troisième super 45 tours et, presque en même temps, un 25 cm regroupant la plupart des chansons des trois super. En ce qui concernait le nouveau super, il avait déjà un texte de Bernard Dimey, *La Cervelle,* que Jean avait mis en musique et deux autres dont il était auteur-compositeur à part entière, *Napoléon IV* et *Eh L'amour !*

Il en manquait une. Malgré son a priori contre une chanson qu'il jugeait trop commerciale, Jean accepta d'enregistrer *Deux enfants au soleil,* une chanson qu'il interprétait d'ailleurs chaleureusement. Nous avons été plusieurs à craindre qu'elle ne vienne fausser l'image qu'il avait commencé à se construire avec *Federico, J'entends j'entends* et *Ma chanson...* Et qu'il ne soit considéré, comme un crooner : *[...] Et c'était comme si tout recommençait / La vie, l'espérance et la liberté / Avec le merveilleux / Le miraculeux / Voyage de l'amour...*

On ne pouvait rien reprocher à cette chanson parfaitement écrite et qui convenait très bien à Isabelle Aubret. Nous en avons parlé longuement. Elle reprenait le même processus engagé l'année précédente par François Deguelt avec *Il y a le ciel, le soleil et la mer.*

Déjà élue chanson de l'été par les programmateurs de radio qui la passaient à longueur d'antenne, plus qu'ils n'avaient jamais fait pour aucune autre chanson de ses disques précédents, ils ignorèrent les trois autres du disque. Force est de constater que *Deux enfants au soleil* le propulsa véritablement au rang de chanteur-vedette, et que les midinettes firent cette année-là de Jean Ferrat leur chanteur de charme.

Parmi les titres oubliés de ce super 45 tours, *Napoléon IV* racontait l'histoire d'un pauvre type prénommé Napoléon qui vit dans la misère et finit sa vie dans l'exil des faubourgs en attendant qu'on lui fasse l'honneur des Invalides. Quant à *Eh l'amour !,* c'est une chanson très habilement écrite où Jean décrit avec humour les avatars que l'on fait subir à l'amour, à cause des gigolos, des pin-ups, des dollars, des vers de mirliton, et qui se termine de la façon suivante : *Eh l'amour reviens-moi tout nu sur tes ergots / Comme j't'ai connu quand on était jeunot / Et qu'on n'avait rien sur le dos...*

Il se trouve que cette chanson eut l'heur de plaire à Zizi Jeanmaire qui devait faire l'Alhambra à la fin de l'année. Elle en eut connaissance d'une façon tout à fait amusante. Ayant l'intention de chanter quelques chansons de Bernard Dimey alors au service militaire, elle avait confié à ce dernier qu'elle cherchait un jeune chanteur qui puisse passer en première partie de son spectacle. Bernard en uniforme (!) était venu voir Jean Ferrat à *La Colombe* pour lui en parler. Un rendez-vous avait été pris où elle s'enticha de *Eh l'amour !* ainsi que de *Mon bonhomme,* deux chansons qu'elle voulut absolument mettre à son répertoire. Elle aima aussi la voix de Jean alors elle le mit en vedette américaine dans son programme.

C'est là que Christine Sèvres entra en jeu, en faisant abandonner à son homme sa guitare et en le mettant en scène, ce qui ne fut pas une mince affaire. J'avoue avoir été très inquiet de ce qui me paraissait une mise en danger redoutable pour mon ami. De plus, le grand orchestre de Michel Legrand accompagnant la vedette, Jean Ferrat en bénéficia aussi pour ses six chansons en première partie. Ce pouvait être très impressionnant pour lui. Il est difficile d'imaginer à quel point, la précipitation de ces évènements heureux dans la carrière d'un jeune chanteur, surgissait en si peu de temps dans sa vie.

Ce qui me frappait quant à moi, c'était la décontraction tranquille avec laquelle il recevait tout cela. Il ne semblait pas paniqué le moins du monde.

Zizi avait également mis dans son tour de chant *La Cervelle* de Bernard Dimey, dont Jean avait composé la musique : *Les yeux des filles à quoi ça sert ? [...] À vous mettre la tête à l'envers [...] Mais la cervelle, mais la cervelle / Toi t'en as pas, j'm'en porte bien...*

Bernard Dimey n'était en tout cas pas misogyne le moins du monde et heureusement, le public sut prendre sa chanson au deuxième degré.

Les appréhensions relatives à la chanson *Deux enfants au soleil* furent mises de côté et, comme celle-ci avait un succès fou sur le plan des passages radio, Jean la chanta à l'Alhambra avec *Federico, Ma Môme, Regarde-toi Paname, J'entends j'entends et Paris-Gavroche.*

C'est vrai qu'il n'était pas très à l'aise sur scène. Christine l'avait coaché comme elle avait pu afin qu'il sache laisser pendre ses bras le long de son corps, mais lorsqu'il chantait, sa sincérité dominait et c'est ce qui lui permit d'être adopté par un public conquis d'avance.

Le troisième super 45 tours et le 25 cm sortirent à temps pour la première. Gérard Meys avait réussi brillamment son intronisation de directeur artistique. L'interprétation de Jean Ferrat fut sanctionnée quelques mois plus tard par un double prix, celui de la SACEM et celui de l'Académie du disque. Cette victoire était celle de leur amitié.

Zizi et son programme tinrent l'Alhambra pendant six mois sans rien changer dans sa première partie, ce qui permit à Jean d'améliorer sensiblement son jeu de scène. De son côté, Isabelle Aubret eut aussi un certain succès avec *Deux enfants au soleil* qu'elle enregistrera sous la direction de Gérard Meys chez Decca / RCA. André Goraguer devait lui composer et arranger quelques-unes de ses plus belles chansons. À partir de 1962, il n'hésita plus à signer sous son nom, les arrangements des disques de Jean.

Marc et André, qui dirigeaient *l'Écluse* avec Brigitte Saboureau, mirent *Deux enfants au soleil* à leur répertoire et l'enregistrèrent. Pascal Sevran chanta et enregistra *Eh l'amour !*

Richard Marsan, que j'avais connu dans les cabarets lorsqu'il y faisait des imitations assez réussies, était devenu directeur artistique chez Barclay. Un jour de décembre 1961, il était venu me voir :

Tu sais, Michel, chez Barclay, je m'occupe de Paul Barrault et on va lui sortir son premier 33 tours en même temps que chez Decca sortira celui de Jean Ferrat. Tu vas voir que Barrault va faire un malheur, et ton Ferrat ne va pas lui arriver à la cheville !

J'aime beaucoup Paul et je suis sûr que son disque est de qualité, mais quant à penser qu'il puisse marcher plus fort que celui de mon *Ferrat, comme tu dis, tu te fourres le doigt dans l'œil jusqu'au coude,* lui répondis-je.

Et j'ai pensé à l'éclat de rire qui avait secoué Paul lorsque je lui avais parlé de Gérard.

Pendant ce temps à *La Colombe*, outre les nouveaux artistes que j'engageais, Christine Sèvres obtenait, sans avoir enregistré encore de disque, le Grand Prix du Music-hall et elle était engagée à la Villa d'Este. Anne Sylvestre avait signé un contrat d'enregistrement avec Jacques Canetti dans ce qu'il avait appelé *l'Opération Trèfle à quatre feuilles.* Il produisit un 45 tours avec quatre artistes auteurs-compositeurs, enregistré en public et en direct dans deux cabarets : Roger Riffard et Jean-Pierre Suc au *Cheval d'or* d'une part et Anne Sylvestre et Pierre Brunet à *La Colombe* d'autre part.

À la suite de quoi, Anne Sylvestre passa aux *Trois Baudets,* enregistra trois super 45 tours et un 25 cm chez Philips et fut programmée à Bobino en première partie de Jean-Claude Pascal. Son disque obtint en 1962, le Prix de l'Académie de la chanson.

Alors que Jean Ferrat était encore à l'Alhambra, Jacques Canetti lui proposa une tournée en province pour l'été 62. Sur les avis de Jean, il mit en première partie des amis comme Jean Yanne, Jacques Martin, Jean Sommer. Pour son propre tour, il fallait à Jean des musiciens, alors il engagea le pianiste Michel Villard qu'il avait connu à *La Colombe* accompagnant Lise Médini. Il engagea aussi Guy Boulanger comme accordéoniste.

Parmi les artistes que j'avais engagés à *La Colombe* jusque-là, figuraient, en citant ceux qui furent les plus connus par la suite, Pauline Julien la Québéquoise, Marc Ogeret, Jean Vasca, Henri Gougaud et Francesca Solleville. J'avais engagé cette dernière en 1960 car j'étais très impressionné par sa voix. En mai 1962, elle sortit son premier album 25 cm *Récital N°1* où elle chante Maurice Fombeure, Paul Fort, Georges Brassens, Charles Baudelaire, Bassiak et *J'entends, j'entends* de Louis Aragon et Jean Ferrat. Elle enregistrera par la suite bien d'autres chansons de Jean.

Hélène Martin faisait son petit bonhomme de chemin après avoir enregistré en 1960 un 25 cm BAM *Récital N°1* qui remporta en 1961, le Grand Prix du Disque de l'Académie Charles Cros et en 1962, un nouveau 25 cm BAM *Récital N°2* de10 titres, avec le fameux *Condamné à mort* de Jean Genet. Elle se préparait à entrer chez Barclay.

C'est pendant cette période de l'été 1962 qu'un événement bouscula ma trésorerie et provoqua dans les années qui suivirent, la disparition de tous les petits cabarets et théâtres privés de France et surtout de Paris. Les artistes du spectacle chanteurs, danseurs et comédiens devenaient des salariés ; leurs employeurs étaient tenus de les déclarer à la Sécurité sociale.

C'était parfait pour les professionnels ayant atteint un certain niveau, mais catastrophique pour ceux qui débutaient. C'est à partir de ce moment-là que certains artistes se mirent à proposer leurs services dans n'importe quel petit bistrot où ils demandaient au patron de ne pas augmenter ses prix. Ils gagnaient leur vie en « passant le chapeau » à la fin de leur prestation, mais ne bénéficiaient pas de cette protection sociale que le SFA[2] avait eu tant de mal à leur obtenir.

Quant à moi, me trouvant avec neuf employés en plus des sept qui s'occupaient de l'accompagnement musical, du service et de la cuisine, j'essayais d'augmenter un peu mes prix (pour la première fois à *La Colombe*) sans augmenter les salaires des artistes, mais en leur faisant cadeau de leur cotisation. Je n'avais pas le cœur à réduire mes spectacles. Nous faisions le plein tous les soirs et nos spectateurs n'auraient pas compris.

Cette tentative de rééquilibrer ma gestion ne fut hélas pas suffisante, car à partir de ce moment-là, des millions d'anciens francs de dettes s'accumulèrent.

De son côté, sans prendre de repos, la locomotive de Gérard Meys continuait sur sa lancée. Le catalogue des chansons de 1962 donna naissance à deux autres super 45 tours comprenant huit chansons dont Jean ne signa aucun texte, mais composa toutes les musiques, et un nouveau 25 cm sur lequel figurèrent ces huit titres. Il obtint le prix Henri Crolla.

Son grand ami Georges Coulonges, de sept ans son aîné, était écrivain et scénariste. Il avait fait de la résistance active pendant la guerre et militait au parti communiste. Auteur toujours très engagé de nombreux livres, de quelques pièces de théâtre, de quelques téléfilms et séries télévisées, de nombreuses chansons dont certaines avaient été écrites avec Francis Lemarque, René-Louis Lafforgue et Max Rongier, il avait été producteur d'émissions de variétés à la radio. Il devait disparaître en juin 2003. Le premier texte que donna Georges à Jean fut *La Fête aux*

2. SFA Syndicat français des acteurs

copains, une chanson pleine d'entrain qui fut enregistrée séparément par Jean, et plus tard par Christine : *C'est la fête aux copains / C'est la fête à Pantin / C'est la fête à Paname / C'est la fête aux Lilas / La fête ici et là / C'est la fête à mon âme...*

De leur côté, Michèlle Senlis et Claude Delécluse proposèrent à Jean deux textes qu'elles avaient écrits en commun, dont *Les Noctambules,* qui lui offrit la possibilité de chanter tout ce qu'il détestait : *Les yeux bouffés par la fumée / Les joues bouffies par le whisky / Ils s'emmerdent avec élégance / De Paris à Saint-Paul-de-Vence / Les Noctambules...*

Jacques Brel traita également, mais d'une autre façon, un thème semblable avec *Les paumés du petit matin.*

Le deuxième texte fourni en commun par Michelle et Claude, *L'homme à l'oreille coupée*, est tout simplement magnifique. Il compare les deux désespoirs de Toulouse Lautrec et de Van Gogh pour poser une question finale : *Ce qui a crucifié Vincent / Sur sa toile durant trente ans / Un pinceau bleu entre les dents / Et ce qui épingla Lautrec / Sous les lampes comme un insecte / Du Moulin Rouge à la rue Berthe / Ont-ils enfin trouvé l'espoir / De l'autre côté du miroir ?*

C'est un si beau texte que l'athéisme de Jean a dû glisser sur les dernières paroles sans avoir envie de les changer. Cette chanson fut également enregistrée par Marcia Maria.

Toute seule, Michelle Senlis traita d'un autre thème cher à Jean en écrivant *Le P'tit Jardin*. Celui de la disparition des petits coins de nature, ces petits jardins qui peu à peu se font grignoter par le béton. Elle craint que cette transformation puisse de la même façon opérer un changement chez l'être aimé qui pourrait *perdre aussi l'innocence de ses grands yeux gris en maquillant son visage à tous les néons de passage [...] J'voudrais qu'tout reste la même chose / Qu'on s'aime qu'on s'aime avant toute chose / Même sans lilas et sans roses...*

Puis Michelle apporta deux autres textes à Jean. Elle l'avait entendu dire qu'il aimerait parler de la poésie des gens du voyage, d'où le titre *Les Nomades.* La musique que Jean déposa sur cette chanson est d'une simplicité en même temps que d'une grandeur exemplaire : *[...] Ni la couronne d'oranger / Ni la cheminée de faux marbre / Ne leur mettent racine au pied / Ils ne sont pas comme les arbres [...] Qu'ils soient venus du fond des âges / Tous les gitans tous les Tziganes / Un violon leur a brisé l'âme / Ils en gardent parfois des larmes...*

Christine Sèvres interpréta cette chanson à *La Colombe* d'une façon si intense que l'on préférait presque son interprétation à celle de Jean. Il était très fier quand on le lui disait. Les Trois Ménestrels chantèrent aussi *Les Nomades* par la suite.

Quant au deuxième texte de Michelle Senlis, *Mes amours,* il traite avec subtilité des incertitudes de ce sentiment si volatil : *La vie n'est qu'une chimère / Si l'amour n'y vient pas faire / Sa ronde d'oiseau géant / Mes amours / Moi qui ait cette fortune / Entre mes mains désarmées.* Puis il continue, mue par une volonté de réagir : *Vous et moi c'est la conquête / Dans ce monde dévasté / Le soleil à la fenêtre / Par-dessus les cheminées.* Il se termine par une victoire remportée sur soi : *Voici la terre promise / Quoi qu'on fasse quoi qu'on dise / Le cœur n'a qu'une chanson [...] Mes amours il y a tant de chansons / De poèmes d'Aragon pour sauver encore le nom de l'amour.*

L'ambiguïté de cette chanson plaisait à Jean, qui avait horreur des idées toutes faites. En plus, il ne lui déplaisait pas de rendre un hommage indirect à son poète préféré, hommage qui se répète à chaque refrain de la chanson.

Un autre texte fut pondu en commun par Michelle et Claude. Il avait également tout pour plaire à Jean qui préférait puiser son inspiration dans *Les petits bistrots*, lui qui n'aurait jamais fourré les pieds Chez Castel : *Les petits bistrots / Au pinard fleuri / Nappes à carreaux / Et bifteck garni / Les petits bistrots / Où l'on vient goûter / Devant le perco / Le premier café [...] Toujours on y r'vient / Dans les p'tits bistrots...*

Jean avait dû, lorsqu'il s'était adressé chez nous la première fois, pour y chanter, être attiré par le côté *petit bistrot* de *La Colombe.*

Claude Delécluse lui fournit de son côté une autre chanson intitulée *Le Polonais,* qui marque une transition par rapport à ses thèmes de prédilection. C'est un drame qui peut faire penser à l'atmosphère de *Monsieur William* de Jean-Roger Caussimon et Léo Ferré : *Le Polonais traînait encore son vieux chagrin [...] En lui disant « Va t'en tu vois, je n'en peux plus / Cette fois c'est fini, je veux vivre sans toi » [...] Alors le Polonais a sorti son couteau / Et à son vieux chagrin, il lui a fait la peau...*

Claude avait eu cette fois une inspiration plus grave que dans *Deux enfants au soleil* !

Ces chansons marquèrent la fin de la période Decca / RCA. Daniel Filipacchi accepta sans problème de libérer Gérard Meys de son contrat de trois ans révolus comme prévu. Ce qui n'empêcha pas la firme de rééditer en 1964, un album 30 cm comportant douze chansons de Jean ainsi qu'une série d'une dizaine de 45 tours simples comportant vingt chansons de notre ami.

Jean commençait à être très demandé à la radio et à la télévision. Un jour, à l'ORTF, on refusa de le rémunérer conformément aux droits syndicaux. Fidèle à ses principes, il déclina l'invitation.

Chapitre IV

Les années Barclay

Il peut paraître extraordinaire que Gérard Meys se soit adressé à Barclay pour y produire les disques de Jean. En effet, Barclay représentait, par ses manières de dandy du show-biz, on dirait « bling-bling » aujourd'hui, tout ce que Jean détestait. Pourtant, Eddy Barclay avait quand même mis, sans hésiter, à son catalogue quelques grands de la bonne chanson, Charles Aznavour, Léo Ferré, Jacques Brel et depuis peu, Pierre Perret et Hélène Martin.

Du moment que les artistes qu'il prenait restaient dans les meilleures ventes, il les gardait, même s'il ne partageait pas leur univers, mais si par malheur ils dégringolaient tant soit peu, il les liquidait sans états d'âme. C'est ainsi qu'il se débarrassa de Pierre Perret qui, de retour d'un séjour de plus d'un an en sana, avait enregistré un disque qui se vendait mal. Quant à Hélène Martin, elle ne profita de son passage dans la maison Barclay que pour enregistrer un 45 tours et un 25 cm dans lequel se trouvait une chanson que Jean Ferrat avait mise en musique sur des paroles de Bernard Dimey *Paris par cœur* (qu'enregistra aussi Dominique Dimey, la fille de Bernard). En ce qui concerne Hélène Martin, son style était sûrement trop littéraire pour qu'elle soit à l'aise dans une maison où la star s'appelait Dalida.

Le cas Jean Ferrat était bien particulier. De lui, Eddy avait dit :

Cet homme-là est capable de tout chanter.

Pas fou, il avait su juger Gérard Meys et sa capacité à gérer la carrière de Jean pour éviter toutes déconvenues. Gérard eut une liberté complète et aucun collaborateur du patron ne vint jamais superviser son travail. En retour, Jean et lui ont toujours éprouvé pour Monsieur Barclay du respect et n'ont jamais eu envie de le critiquer.

Gérard intensifia sa politique de produire des super 45 tours qui soient suivis d'albums sans laisser à Jean le temps de souffler, ce qui finalement lui convenait assez bien. Il se laissait faire. Sur le premier 45 tours, Jean avait encore donné la priorité à ses auteurs. Michelle Senlis lui écrivit *Quatre cents enfants noirs*, un merveilleux pamphlet qui dénonce notre égoïsme et notre impuissance face aux images que l'information nous envoie d'enfants noirs affamés : *[...] Dans un journal du soir / Et leur pauvre sourire / Ces quatre cents visages / À la première page / M'empêchent de dormir / Toi, tu dors près de moi / Heureuse, et je le sais / Tu dors comme autrefois / Moi aussi je dormais.* Lorsque nous apprenons cela, nous sommes scandalisés, mais rien ne change !

Un nouvel auteur pour Jean, Pierre Cour, déjà bien connu pour sa longue collaboration très fertile avec Francis Blanche, lui écrivit un texte délicat *Sainte Canaille,* dans une sensualité à peine déguisée. J'aime beaucoup l'interprétation que Jean en donnait, ayant su l'habiller d'une musique qui convient à la frivolité d'une amourette sans lendemain, même s'il ne s'agit que d'un jeu de caresses avec une petite chatte : *Petite Sainte Nitouche / Tu viens sur ma bouche / Chercher ton plaisir / Mais tu t'effarouches / Quand ma main te touche [...] Savoir si je t'aime / C'est ton seul problème / Car le jour éclate /*

Et comme une chatte / Tu t'endors si bien. Le quiproquo n'est levé qu'à la fin de la chanson.

Roland Valade, un auteur-compositeur connu lui aussi, surtout pour avoir écrit des chansons pour Marcel Amont, Philippe Clay, Colette Mars, Francis Lemarque, Yvette Giraud, Jacques Hélian, Anny Flore, Richard Antony et Sheila... quel éclectisme !, donna à Jean un texte plutôt machiste, un peu écrit à la manière de Gainsbourg qui s'intitulait *Horizontalement*. Qu'on en juge : *Verticalement / Tu n'es pas une affaire / Je sais bien / Mais horizontalement / C'est toi que je préfère / Et de loin [...] Belle comme l'amour, futée comme un balai / Tu es la source de tous mes mots croisés.* Je crois que Jean s'était amusé à y mettre une musique gainsbourienne pour amuser Christine qui aimait beaucoup les chansons de Serge.

À ces trois chansons, Jean en ajouta une autre entièrement de son cru, intitulée *Les Enfants terribles.* Écrit quelques années avant 1968, son texte est déjà un appel pour réveiller la jeunesse et ne pas la laisser s'assoupir dans une torpeur bourgeoise : *Avec leurs grands rires, avec leurs façons / De toujours remettre le monde en question / Ce sont eux qui font les révolutions / Les enfants terribles ont toujours raison.*

Ce super 45 tours sortit en décembre 1963.

Deux mois plus tôt, j'avais dit, à Jean et à Anne Sylvestre ainsi que je l'avais fait pour Guy Béart, qu'ils étaient désormais trop connus pour continuer de passer à *La Colombe,* mais j'aurais dû attendre pour leur annoncer ma décision. En effet, c'est en fin décembre que nous fûmes obligés d'annoncer l'arrêt de tout spectacle à *La Colombe*. Elle était devenue ingérable avec nos dettes accumulées et comme j'avais décidé de tenir toutes nos promesses de programmation, nous avions fixé l'arrêt au 1er juin 1964. Néanmoins, nous fîmes connaître cette information à la presse et à nos clients, ce qui ralentit encore notre activité du premier semestre 64.

Au mois de juin, nous devions à la banque et à quelques amis environ six millions d'anciens francs. Nous avons continué les spectacles jusqu'au bout, mais bien entendu, stoppé les auditions. La presse a largement diffusé la nouvelle : le cabaret ferme ses portes ! Parce qu'il était dans les premiers à appliquer les déclarations de ses artistes à la sécurité sociale, *La Colombe* était le premier à s'arrêter. Les autres cabarets firent de même dans les mois qui suivirent. Les pouvoirs publics représentés pour nous par le ministre de la Culture de l'époque, André Malraux, ne daignèrent pas répondre à nos lettres.

À partir de juin, *La Colombe* ne serait donc plus qu'un simple restaurant.

Avant tout le monde, en 1963, nous avions entendu les quatre chansons du dernier disque de Jean, et même les quatre suivantes qui figuraient déjà parmi les meilleures qu'il ait écrites jusqu'alors. Il s'était décidé à sortir de ses tiroirs cette chanson concoctée depuis l'épisode que j'ai raconté plus haut de la petite fille, sur une plage de Normandie. Il l'appela *Nuit et brouillard*, comme Alain Resnay avait appelé son film sur l'Holocauste. Cette chanson eut une écoute extraordinaire chez les spectateurs de *La Colombe.* Jean reçut des applaudissements plus nourris que jamais. Il ne révéla pas au public, même lorsque cette chanson sortit en disque, combien il était concerné par ce drame. On imagine pourtant ce qu'il devait ressentir en l'interprétant, en pensant à Mnacha, son père. Il préférait se taire, en laissant cette histoire dans son jardin secret. La chanson fut reprise par une foule d'interprètes dont Christine Sèvres, Francesca Solleville, Claude Vinci et... Enrico Macias : *Ils étaient vingt et cent, ils étaient des milliers / Nus et maigres, tremblants, dans ces wagons plombés [...] Certains priaient Jésus, Jehovah ou Vichnou [...] Ils voulaient seulement ne plus vivre à genoux [...] On me dit à présent que ces mots n'ont plus cours [...] Je twisterais les mots s'il fallait les twister / Pour qu'un jour les enfants sachent qui vous étiez...*

Certaines personnes ne connaissent aujourd'hui Jean Ferrat que par cette chanson. Comment leur reprocher ? L'un des événements les plus tragiques du XXe siècle fut l'holocauste alors peut-on dire que *Nuit et Brouillard* est la chanson la plus importante de ce siècle-là ? Peut-être.

Jean avait aussi écrit une chanson qui rendait hommage à l'auteur-compositeur qui avait précédé tous les chanteurs que nous aimions, admiré, souvent imité et même copié par un nombre incroyable de jeunes chanteurs. Elle s'intitulait *À Brassens* : *Est-ce un reflet de ta moustache / Ou bien tes cris de « Mort aux vaches » qui les séduit [...] Si je ne suis qu'un mauvais drôle / Tu joues toujours pour moi le rôle / De l'Auvergnat.*

Ce qui est étonnant et qui montre le talent musical de Jean, c'est qu'il a su, sans le copier, s'inspirer du rythme et du style musical de Georges Brassens si bien qu'un auditeur non averti peut dire : *on dirait du Brassens.*

Puis Claude Delécluse et Michelle Senlis proposèrent à Jean de composer une musique sur un texte qui leur avait été inspiré par le grave accident de voiture dont avait été victime Isabelle Aubret. Apprenant au bout de plusieurs semaines qu'elle était en train de se remettre, Claude s'était écrié : *c'est extraordinaire, c'est beau la vie !* Le titre était là. Il lui inspira la chanson dont les paroles résonnèrent intimement aux oreilles de son interprète *: […] Tout ce que j'ai failli perdre / Tout ce qui m'est redonné / Aujourd'hui me monte aux lèvres / En cette fin de journée […] Que c'est beau, c'est beau la vie…*

Dès qu'elle put chanter à nouveau, Isabelle mit cette chanson à son répertoire. Jean la chanta aussi. Ainsi, pour le deuxième super à paraître chez Barclay, et pour le premier 25 cm en projet, il ne manquait plus qu'une chanson. Jean s'attaqua alors à un autre texte d'Aragon qui se prêtait à devenir une chanson d'amour toute simple, *Nous dormirons ensemble*, si bien que sa musique coule de source sans être exempte d'un certain lyrisme : *[…] Mon amour ce qui fut sera / Le ciel est sur nous comme un drap / J'ai refermé sur toi mes bras / Et tant je t'aime que j'en tremble / Aussi longtemps que tu voudras / Nous dormirons ensemble.*

Les huit titres parurent donc sur les deux super prévus, le premier en décembre 1963, le second en janvier 1964, en même temps que le 25 cm. Toutefois, sur le 25 cm, *Sainte Canaille* fut mise de côté au profit d'une inédite, *Toujours la même G.* Jean qui en a écrit les paroles et composé la musique s'y moque, en utilisant la première personne du singulier, d'un type mal dans sa peau qui se trouve une sale gueule et qui ne rencontre autour de lui que des filles et des gars qui ont tous la même gueule. Il conclut en disant : *Quand j'aurai cessé / D'être un sous-produit / Manufacturé j'm'en irai d'ici / Mais ça n'chang'ra rien à l'affaire / Même mes vaches me verront faire / Toujours la même gueule…*

Il est inutile de préciser qu'avec *Nuit et Brouillard, C'est beau la vie, Nous dormirons ensemble* et *Quatre cents enfants noirs,* le 25 cm remporta un énorme succès et étonna les professionnels de la diffusion qui se séparèrent en deux clans. Les uns trouvèrent indécent de parler de l'Holocauste au moment où le président de Gaulle tentait un rapprochement franco-allemand et déclarèrent qu'il n'était pas du rôle des chanteurs de chansonnettes d'aborder des thèmes aussi graves. Les autres admirèrent non seulement le courage de l'artiste d'aborder un tel sujet, mais aussi la qualité littéraire de l'écriture qui, dans *Nuit et Brouillard*, atteignait il est vrai, un sommet jusqu'à présent jamais atteint dans son œuvre. À cause de l'activité des premiers, sur les chaînes de radio et de télévision française, *Nuit et Brouillard* fut déconseillée, surtout le dimanche où il valait mieux passer des chansons gaies. Ce n'était pas vraiment de la censure, mais les programmateurs ne voulaient pas avoir d'ennuis.

Gérard Meys eut alors une idée qu'il proposa à Europe 1, où il s'était fait de nombreux amis et où les émissions étaient émises de Sarre, ce qui ne les assujettissait pas à tenir compte des *conseils* des autorités françaises. Celle d'y faire une émission où l'on passerait la chanson à une heure de grande écoute, en demandant aux auditeurs de dire ce qu'ils en pensaient. Le résultat fut éloquent. Le standard craqua sous les appels d'auditeurs enthousiastes qui réclamaient que l'on repasse la chanson. Jean m'a raconté son étonnement et sa joie. Il se rendait compte que dans l'esprit du public, le crooner avait réussi à faire place à un humaniste très proche du peuple qui se reconnaissait en lui.

Gérard fit réenregistrer à Jean, avec une nouvelle orchestration et sous le label Barclay, dix grandes chansons déjà enregistrées chez Decca.

C'est à cette époque que j'organisai au théâtre de l'Ambigu (mis à ma disposition gratuitement par son directeur Christian Casadesus), la soirée d'adieu du cabaret de *La Colombe*, le 23 juin 1964. J'avais proposé aux deux cents artistes que j'avais fait débuter en dix ans d'y participer. Quatre-vingts d'entre eux me répondirent qu'ils étaient libres et qu'ils acceptaient avec joie d'être à mes côtés. En demandant à chacun de chanter une chanson et une seule, le spectacle devait durer quatre heures et demie, deux entractes inclus. À cause de certains rappels inévitables, il débuta à 20 h et dura plus de six heures. Sur les sept cents spectateurs du début, après le deuxième entracte, il en restait encore quatre cents à une heure et demie du matin ! Tous les artistes furent très applaudis. Les grosses pointures eurent droit à trois chansons, Hélène Martin, Francesca Solleville, Guy Béart, Anne Sylvestre et Jean Ferrat. Commençant par *Federico,* ce dernier reçut une ovation sur *Nuit et Brouillard* et sur *Ma Môme.*

L'arrêt de notre travail de « découvreurs de talents » annonçait une crise dans la chanson française, crise dont les vrais responsables étaient les diffuseurs. La presse en parla abondamment, accusant les pouvoirs publics de n'avoir rien fait pour sauver un mode d'expression artistique si spécifique à la France.

Jean Monteaux, dans *Arts*, fit une sombre prévision hélas avérée dans les années qui suivirent : *Le jour où les Guy Béart, les Anne Sylvestre, les Jean Ferrat, les Francesca Solleville en puissance n'auront plus de cabaret ni de public pour expérimenter leur inexpérience, la chanson, mode d'expression populaire essentiel tombera en léthargie.*

Concernant *Nuit et Brouillard*, je voudrais vous conter deux anecdotes, très différentes l'une de l'autre, mais qui illustrent bien la différence de perception d'une chanson selon les oreilles qui l'écoutent ou le contexte dans lequel elle est diffusée. Nous avions offert à nos enfants un petit lecteur vinyle de 45 tours et le plus jeune, Antoine, n'avait guère plus de quatre ans lorsqu'il écoutait ses *Babars* et autres disques pour enfants, alors que les *Fabulettes* d'Anne Sylvestre n'avaient pas encore été écrites. Nous l'avons surpris plusieurs fois à mettre un disque qu'il nous avait emprunté et passer en boucle la chanson qu'il préférait. C'était *Nuit et Brouillard* !

La deuxième anecdote se déroula dans le midi où cette année-là, prenant quelques jours de vacances, Beleine et moi, nous traversâmes la Camargue. Aux Sainte-Marie de la Mer, nous nous sommes arrêtés dans une guinguette de plein air où, sous des lampions fanés qui restaient du dernier quatorze juillet, des gens dansaient. Il n'y avait pas de musiciens, la musique provenait d'un pick-up. En sirotant une bière et une limonade, nous regardions cette atmosphère de fête lorsque soudain, après un léger arrêt musical, nous reconnûmes l'intro de *Nuit et Brouillard.* Figés, nous regardâmes autour de nous, nous attendant à ce que les danseurs en profitent pour faire une pause et écouter la chanson. Pas du tout, nous les vîmes s'accoupler comme pour n'importe quel slow et danser gravement sur les paroles... *ils étaient vingt et cent, ils étaient des milliers...* Nous étions scandalisés. Nous en avons reparlé bien des fois, Beleine et moi. Mais finalement, je me demande si en dansant, ces gens étaient réellement inconscients du texte ou si leur danse les empêchait d'en percevoir sa signification. J'ai pensé que si la musique seule leur permettait de ressentir une émotion, peut-être que lorsqu'ils la réentendraient, ils finiraient par tout comprendre ? Leur façon d'écouter était-elle différente de celle d'un enfant de quatre ans ? C'était un thème de réflexion. J'ai raconté à Jean ces deux anecdotes. Il ne s'en est pas étonné.

– Tu sais, n'oublie pas qu'il arrive à chacun d'entre nous d'écouter une chanson pendant des années en la trouvant agréable à l'oreille, mais sans en comprendre le sens. Et un beau jour, on est très étonné de comprendre ce que les paroles racontent. Il arrive même que l'on découvre alors que le sens que nous donnions à la chanson est totalement inversé par cette découverte. Je cite souvent l'exemple du Temps des Cerises. Pendant plusieurs décennies, elle a été prise par un maximum de gens comme une chanson d'amour. Il a fallu attendre les années 60 pour que l'écoute attentive des paroles nous fasse comprendre qu'il s'agissait d'une chanson révolutionnaire, écrite au moment du soulèvement de la Commune de Paris.

— *Tu as raison,* lui répondis-je, *ce que tu dis est également valable pour* Les petits pavés *que nos parents écoutaient aussi comme une chanson d'amour et, grâce à Mouloudji qui a su l'interpréter avec une grande subtilité, on a pu découvrir une chanson surréaliste qui ne craignait pas d'afficher un monstrueux esprit de vengeance : Si tu ne changes pas d'allure / J'écraserai tes yeux, ton front*

/ Entre deux pavés qui feront / Dans ton crâne quelque fêlure ! C'est horrible !

— Eh oui, si c'est de l'amour, c'est plutôt de l'amour vache !

En novembre 1964, Christine Sèvres passa à Bobino en première partie de Georges Brassens. Elle y chantait Audiberti, Aragon et Ferrat.

Dans la crise de la chanson dont je parlais plus haut et malgré les empêcheurs de chanter en rond qu'il pouvait rencontrer dans les médias, Jean parvint à jouer les passes-murailles. Il avait besoin de se ressourcer et de se trouver un coin tranquille pour écrire ses chansons.

Il dénicha à Antraigues-sur-Volane dans l'Ardèche, la ruine d'une vieille ferme à flanc de coteau, dominant un torrent au fond d'une petite vallée. Il l'acheta et la fit restaurer. Il fut très sensible à la beauté et à la rusticité du paysage environnant. Pendant la durée des travaux, il s'installa dans une auberge en plein cœur du village et se fit très vite des amis. Il découvrit leur façon de vivre, leurs difficultés et prit plaisir à jouer aux boules avec eux.

Il n'attendit pas longtemps pour les comprendre et trouver l'inspiration pour écrire une chanson qui, sans emphase, avec la simplicité du sujet, devait devenir leur hymne préféré. Pour eux, la terre signifiait quelque chose à laquelle ils étaient attachés et ils aimaient *La Montagne.*

Jean Ferrat les avait compris ; il s'intégrait à eux, buvait le pastis avec eux, était sensible à leurs valeurs, comme en témoignent les paroles de cette chanson populaire devenue culte dans la mémoire des Français : *[...] Pourtant que la montagne est belle / Comment peut-on s'imaginer*

/ En voyant un vol d'hirondelles / Que l'automne vient d'arriver ...

Les images sont très claires ; elles décrivent en peu de mots l'exode rural et l'attraction des jeunes pour une vie plus moderne. Par opposition au printemps, on a l'impression que l'automne signifie ici la fin d'une époque : *Deux chèvres et puis quelques moutons / Une année bonne et l'autre non...*

Jean a mis beaucoup de choses dans cette chanson, les difficultés de la vie paysanne, les échos qui parvenaient d'une société en mouvement, la libération des filles, les choix restreints d'un travail citadin, la panacée d'une maigre retraite, les HLM et le poulet aux hormones en opposition à ceux qui autrefois savaient tuer la caille ou le perdreau et manger la tome de chèvre. C'était déjà écologique et social avant la mode. La musique est bien adaptée, car on peut la qualifier de traditionnelle. Facile à retenir, facile à reprendre en chœur au refrain, mais pas médiocre en tout cas. Inutile de rappeler qu'elle fut interprétée et enregistrée par de très nombreux artistes et même par quelques-uns qui auraient pu paraître très loin de l'univers de Ferrat : Dave, Alain Barrière, Nilda Fernandez et Alain Turban, entre autres.

Jean écrivit à la même époque, une chanson très gaie et fort bien construite qui correspondait à son changement de vie. Il n'avait pas quitté son pied à terre à Ivry, mais il découvrait un nouveau mode de vie qui lui fit crier *Hourrah !* sur un rythme rapide et entraînant : (on a) *Le rire aux lèvres et la colère au cœur...* À chaque couplet il s'adresse à : *Vous mes amis que je ne connais pas* puis : *Je ne vous connais pas mais je vous imagine* et ensuite : *Mais je sais qui vous êtes [...] Vous mes amis je vous connais si bien / Et le temps d'un refrain / Et l'espace d'un cri / C'est pour vous que je crie / Hourrah.*

Il termine sur une note d'optimisme, voire utopique : *Paris s'endort à l'heure où le matin / Un autre monde est à moitié chemin / En nous aidant le ciel nous aidera / Vous mes amis que je ne connais pas / Hourrah.* Cette chanson fut reprise par Mireille Rivat.

Jean n'avait plus aucun complexe sur sa capacité à écrire les paroles de ses chansons. Un an ou deux après ses débuts, il m'avait carrément posé la question : *tu aimes beaucoup les chansons de Guy Béart. Est-ce que tu préfères ses chansons aux miennes ?*

Je lui avais répondu que Guy écrivait toujours ses paroles et ses musiques et qu'elles étaient d'une grande originalité tandis que lui, ne faisait souvent que choisir des textes qu'on lui apportait et que ce n'était pas comparable. À ce moment-là, oui, je préférais celles de Guy. En 1964, j'aurais pu lui répondre différemment. Il s'était mis à écrire des chansons de sa propre veine qui sont des petits chefs-d'œuvre et tout en étant différent de Guy, je ne saurais plus dire qui est le meilleur des deux.

Rassuré sur ses possibilités littéraires, Jean restait malgré tout très à l'aise lorsqu'on lui proposait un texte, surtout s'il s'agissait d'un de ses amis. L'un d'eux Henri Bassis, compagnon de route comme lui du parti communiste, était un théoricien pour un renouveau de l'école publique, auteur d'une quinzaine de livres traitant de l'égalité, de la Commune de Paris, de Gracchus Babeuf et des prisons. Il était doublé d'un véritable poète. Il apporta à Jean un fort joli texte teinté d'une belle espérance et d'une sensualité colorée qui s'intitule *Autant d'Amour, Autant de Fleurs : Il y a dans Harlem / À se manger des yeux / Un couple d'amoureux [...] Et leur rire est sonore / Comme un sanglot de jazz / Autant d'amour autant de fleurs [...] J'invente les aveux / je mêle les liqueurs / Il est noir, elle est blanche / elle est jeune, il est beau / La main, le long des hanches / glisse comme un oiseau...*

Jean composa également une musique sur un poème de Louis Aragon, n'hésitant pas à bouleverser quelque peu l'ordre de ses vers, en utilisant quatre d'entre eux pour composer un refrain qui puisse marquer les esprits et dont le premier devint un merveilleux titre *Que serais-je sans toi.* Cette chanson est une réussite parfaite. Sans Jean, le très beau poème d'amour de Louis pour Elsa n'aurait pu satisfaire aux exigences qui régissent une chanson. Aragon s'en amusa et comprit. Loin de s'en offusquer, il approuva. Jean m'a dit qu'il était comme un enfant admiratif en redécouvrant ses propres vers arrangés différemment. On ne peut se lasser de les lire et de les écouter : *Que serais-je sans toi qui vins à ma rencontre / Que serais-je sans toi qu'un cœur au bois dormant / Que cette heure arrêtée au cadran de la montre / Que serais-je sans toi que ce balbutiement.*

Les couplets sont eux aussi très beaux. Il est difficile d'en extraire l'un plutôt que l'autre tant l'harmonie de l'ensemble est parfaite. Il y reprend plusieurs fois la périphrase *J'ai tout appris de toi...* Le dernier couplet est d'une grande force : *[...] Je vous dis que le bonheur existe / Ailleurs que dans le rêve...*

Cette chanson fut comme *la Montagne* et *Ma Môme,* reprise par de nombreux interprètes, notamment Mannick, Martine Sarri, Catherine Ribeiro et après le décès de

Christine Sèvres, par sa fille Véronique Estel qui ne fit qu'en dire le texte, mais d'une façon très émouvante.

Réunie avec *La Montagne, Autant d'amours, autant de fleurs* et *Hourrah,* ce fut en 1964, un extraordinaire super 45 tours, le troisième, qui sortait chez Barclay.

Pendant ce temps, après la soirée exceptionnelle des *Dix ans de La Colombe* à l'Ambigu, je n'eus pas trop le temps de me morfondre.

Un ami m'avait proposé de reprendre la gérance du cabaret Le Milord l'Arsouille, que Francis Claude avait quitté depuis plus d'un an. J'avais accepté, car l'endroit pouvait contenir cent cinquante personnes et il me semblait, malgré les nouvelles lois sociales accordées aux artistes, que l'on pouvait y équilibrer son budget, même en présentant un plateau d'artistes plus important qu'à *La Colombe.* Il fut décidé que je commencerai le 1er octobre 1954. J'avais prévu de changer mes programmes chaque mois, en y mettant toujours une vedette et en première partie un débutant, un montage avec trois artistes mêlant sketches et chansons ainsi qu'un numéro visuel. Comme vedette, j'avais bien sûr pensé à Jean Ferrat, mais il était retenu pendant plusieurs mois par des tournées à travers la France. Je remis sa programmation à plus tard, ainsi que celle d'Anne Sylvestre et composai d'avance quatre programmes, le premier avec Catherine Sauvage qui aurait été trop connue pour passer à *La Colombe*, celui de novembre avec Serge Gainsbourg, qui était un peu en perte de vitesse cette année-là et je pris en vedette de décembre Guy Béart, puis, en janvier 1965, Hélène Martin.

Nous avions amassé à *La Colombe,* six millions de dettes. Les frais de réouverture d'un cabaret de cette importance grossirent ma dette de six millions supplémentaires. En quatre mois, *Milord* fonctionna à merveille. La presse nous couvrait de critiques élogieuses et le public remplissait presque tous les soirs la salle. Je pus, en quatre mois, regagner trois millions, ce qui était prometteur. Mais des bruits, qui s'avérèrent par la suite, coururent que la Banque de France, propriétaire des murs, voulait récupérer ses locaux. Je n'attendis pas que l'on nous mette dehors et quittai l'endroit en février, avec neuf millions de dettes sur le dos.

Heureusement, *La Colombe* avait cessé de perdre de l'argent même si elle n'en rapportait pas beaucoup pour autant. Beleine avait pris la direction de la cuisine et de tout le personnel. Il ne restait plus qu'un plongeur et un serveur. La clientèle du cabaret nous avait quittés, mais quelques rares clients appréciaient de venir dîner tranquillement en écoutant de la musique baroque en léger fond sonore, ce qui nous évitait d'avoir à payer la SACEM.[1]

Une nouvelle clientèle revint peu à peu. Nous n'avions pas baissé nos prix, mais nous fournissions des repas de qualité. Beleine devait devenir dans les années qui suivirent un chef de cuisine réputé et gagner à *La Colombe* un classement de trois étoiles comme *« restaurant de tourisme ».*

Dès qu'elle avait su que notre gérance prenait fin au *Milord,* la banque nous avait envoyé comme ultimatum le remboursement de cinq millions de francs dans un délai très court. Pour ce qui resterait dû, elle acceptait de nous

1. Les droits d'auteurs-compositeurs ne sont plus dus soixante dix ans après la mort de l'artiste.

établir un échéancier de remboursement sur deux ans avec des intérêts importants.

Lorsqu'il apprit notre situation, Guy Béart accepta que nous gardions, le temps qu'il faudrait, son cachet de décembre de *Milord* que nous ne lui avions pas encore versé. Nous eûmes aussi l'idée de demander à Jean Ferrat s'il pouvait nous prêter ce qui nous manquait. Il accepta aussitôt en nous envoyant un gros chèque. Ce fut encore un moyen de confirmer sa fidélité. Pour lui, une fois qu'il l'avait accordée, c'était pour la vie. D'autres amis, pas parmi les plus riches, des voisins aussi, nous aidèrent par le prêt de petites sommes.

La Colombe convertie en restaurant sans spectacle était devenue rentable (n'en tirons pas une moralité, mais simplement une constatation), et grâce à l'habileté de Beleine, nous pûmes rembourser en cinq ans tous nos amis et la banque, jusqu'au dernier centime.

Entre deux galas ou deux tournées, Jean venait nous rendre visite. Quand nous n'étions pas débordés, ce qui au début arrivait souvent, nous mangions avec lui et nous parlions de nos lectures, qui bien souvent coïncidaient, Sartre et Camus, Simone de Beauvoir, mais aussi Stendhal, Saint-Exupéry et Diderot. En poésie, bien sûr, Aragon et Éluard. En jazz, il aimait Coltrane, moi Ella Fitzgerald et Éroll Garner qui ne lui étaient pas indifférents. En musique, il adorait Prokofieff et Berg. Moi, je préférais Erik Satie et Mozart.

Étant libéré de beaucoup d'occupations dans la journée après la fermeture définitive du *Milord*, je me cherchai un boulot afin d'accélérer par le peu que je gagnerais le rythme de nos remboursements. Après avoir répondu à plusieurs propositions dont aucune n'aboutit, je me suis retrouvé négociateur immobilier chargé de vendre des fonds de commerce. Je ne fus pas doué, malgré mes essais répétés auprès de trois patrons en un an et finalement, j'abandonnai et revins à *La Colombe* quelques mois plus tard.

Un quatrième super 45 tours de Jean se préparait. L'ami Georges Coulonges lui avait écrit *La jeunesse,* un texte où une fois de plus, Jean pouvait retrouver ses propres idées déjà sous-jacentes dans *Les enfants terribles.* Il faut aimer la jeunesse. C'est elle qui a raison.

La rédaction du texte est loin d'être superficielle. Coulonges s'exprime dans une très belle langue : *[...] Quand les filles riront avec leur peau brûlante / Et la mer qui ruisselle attachée à leur corps / Alors tu comprendras, alors tu aimeras / La jeunesse [...] Quand tu t'affligeras du juke-box imbécile / Et des danses nouvelles que tu ne danses plus / Alors tu comprendras, alors tu aimeras / La jeunesse...* Le troisième couplet fait un contrepoint aux deux autres : *Quand tu seras ému devant leur joie de vivre / Le temps d'aimer se perd, le temps est ce qui passe / Regarde ces garçons, ces filles qui s'embrassent / Il va naître pour eux le temps que tu voulais...*

Autant cette chanson sur la jeunesse est pleine d'un espoir optimiste, autant celle que Jean a alors empruntée à Louis Aragon est une chanson désabusée, pleine de déception, d'un vieillard en fin de vie. Je suis très étonné que Jean ait pu la choisir alors qu'en 1964, il était lui-même encore en pleine forme. Je regrette de n'avoir jamais eu le temps de parler avec lui d'*Au bout de mon âge : [...] Il m'a fallu naître / Et mourir s'en suit / J'étais fait pour n'être*

/ Que ce que je suis / Une saison d'homme / Entre deux marées / Quelque chose comme / Un chant égaré...

Je suppose que chez Jean, la qualité littéraire de ce texte l'a emporté sur sa signifiance...

Les deux suivantes sont de Jean à part entière. *Berceuse*, une de ses chansons préférées, est remplie d'humanité, dans un décor sordide de quais poussiéreux. La nuit est là. Un enfant s'endort : *Dors petit homme, dors petit frère* dit la chanson. *La faim / Met sa robe d'apparat / C'est l'heure où l'on voit les rats / Regagner les grands navires / C'est l'heure / Où des financiers au bras / Les putains ouvrent leurs draps / En forme de tirelire [...] Hier / Sur les toits jaune orangé / L'oiseau qui te fait rêver / À survolé la frontière.*

Quand c'est très beau, au diable les commentaires !

La deuxième chanson intitulée *Le jour où je deviendrai gros*, rétablit l'équilibrage humoristique qu'a toujours voulu faire Jean dans ses choix : *[...] Plus s'agrandira ma bedaine / Plus s'amoindrira mon cerveau [...] Puisque contre moi tout se ligue / Comment choisir entre deux maux / Être un semblant d'escartefigue / Ou bien rester dedans ma peau / Si je suis gros comme une figue / Je serai con comme un pruneau.*

Cette chanson qui semble blâmer les obèses concerne surtout ce que le *Canard Enchaîné* pourrait appeler les beaufs et dont se moquait déjà la vieille chanson du *Chat noir* dont Brel a repris le refrain : *Les bourgeois c'est comme les cochons, plus ça devient vieux plus ça devient bête.*

Le quatrième super sortit en février 65. Entre temps, Jean avait reçu de son ami résistant Jean Cayrol, la première demande qui lui ait été faite de composer la musique d'un film. Jean Cayrol était un homme merveilleux, poète et auteur de plusieurs livres. Il s'était illustré en fournissant au réalisateur Alain Resnay, le thème de son documentaire *Nuit et Brouillard,* illustre s'il en fut. Il l'avait personnellement scénarisé, en avait écrit et dit le commentaire. La chanson de Jean Ferrat utilisant le même titre l'avait particulièrement fasciné.

Cette fois, Jean Cayrol avait décidé de raconter dans un film en noir et blanc, l'histoire d'un collaborateur de la guerre de 39-45 qui avait dénoncé des résistants à la Gestapo. Il avait disparu à la Libération et il réapparaît quelques années plus tard. Il devient alors l'ami des familles de ceux qu'il a dénoncés. S'associant à Claude Durand pour sa réalisation en 1963, ils appelèrent le film *Le coup de grâce,* lui trouvèrent un financement franco-canadien et pour sa distribution, obtinrent l'accord de comédiens prestigieux tels *Danielle Darrieux, Emmanuelle Riva, Michel Piccoli, Olivier Hussenot* et *Bernard Tiphaine.*

La musique de film que composa Jean Ferrat fut orchestrée par François Rauber et la chanson du film *Les beaux jours*, fut écrite, composée et interprétée par Jean Ferrat lui-même : *[...] Nos beaux jours tombent des nuits / Comme du ciel l'orage / Les beaux jours de notre vie / Sont verts et gris / Irrémédiable au temps d'aimer / Coule le sable du sablier / Chaque seconde de ce mal qui court / Creuse la tombe de nos amours...*

La bande originale du film comportant la chanson de Jean fit l'objet d'un cinquième super chez Barclay et sortit en mai 1965.

Le réalisateur René Allio, qui n'avait fait jusqu'alors que des documentaires et des courts métrages, fut emballé par la musique de film de Jean dont il aimait déjà les chansons. Il était en train de préparer son premier long métrage *La vieille dame indigne,* en noir et blanc, avec la merveilleuse comédienne Sylvie qui pour ce film, devait obtenir deux ans plus tard, le prix de la meilleure actrice, le film ayant été primé comme meilleur film en 1966. La principale partenaire de Sylvie était la comédienne Malka Ribowska, l'épouse de René Allio. Parmi les autres interprètes, étaient à l'affiche Jean Bouise, Étienne Bierry, François Maistre, Pascale de Boysson et Victor Lanoux qui interprétait *Tu ne m'as jamais quitté*, l'une des chansons du film. Pendant le générique, la voix de Jean interprétait *Loin* et *On ne voit pas le temps passer*. Cette dernière chanson dépassa encore le succès du film par sa simplicité quotidienne. Elle est devenue la chanson représentative d'une époque et bien des femmes se reconnurent dans ce texte : *On se marie tôt à vingt ans / Et l'on n'attend pas des années / Pour faire trois ou quatre enfants / Qui vous occupent vos journées [...] Faut-il pleurer, faut-il en rire / Fait-elle envie ou bien pitié / Je n'ai pas le cœur à le dire / On ne voit pas le temps passer.*

Beaucoup moins directe et pleine d'ironie ravageuse était la chanson qu'interprétait Lanoux intitulée *Tu ne m'as jamais quitté*. Il se met à la place de la vieille femme indigne qui devenue veuve, découvre sa liberté et pousse un grand « ouf » de soulagement : *[...] Tu ne m'as jamais quitté / À travers d'autres amours / C'est toujours toi que je fuis / Je n'ai plus assez de jours / Je n'ai plus assez de nuits / Pour pouvoir t'oublier mon amour...*

Ces chansons participent au mouvement de la libération de la femme certes, mais la troisième chanson du film intitulée *Loin,* traite aussi du carcan auquel est soumise la condition humaine en général. Le désir d'évasion n'est pas que féminin : *[...] Loin, loin, changer de vie / Changer d'état, de décor, d'habitudes / Loin, loin, changer de vie / C'est ma liberté d'aujourd'hui.*

Finalement pour Jean, ce film tombait à pic pour lui permettre d'exprimer ce qui lui tenait à cœur depuis longtemps. Au fur et à mesure que j'écoutai les trois chansons du film, je le reconnaissais totalement et j'enviais sa chance de pouvoir, mieux qu'aucun tribun politique n'aurait pu le faire, donner à un large public l'expression de sa pensée profonde sans manier aucune langue de bois.

L'orchestration du film – il dût y être pour quelque chose – avait été confiée à son ami André Goraguer et un sixième 45 tours sortit, avec la bande originale du film en mars 1965.

Peu avant, en janvier 1965, Jean Ferrat se produisit de nouveau à l'Alhambra, mais cette fois-ci en vedette. À cette époque-là, les vedettes essayaient d'assurer les deux parties du spectacle. L'un des premiers à avoir présenté un récital, sans première partie, fut Léo Ferré à l'étonnement de tous. Il fut très critiqué dans le milieu de la chanson. On avait du mal à imaginer qu'un anarchiste, même exhibitionniste comme il pouvait l'être, puisse être aussi égoïste. En effet, un récital, cela signifiait, pas de première partie, pas de possibilité pour un jeune dont on commençait à parler, de gravir un échelon professionnel d'importance. Cela était une catastrophe également pour les artistes visuels du music-hall, qu'ils soient prestidigitateurs, équilibristes, jongleurs, dresseurs d'animaux domestiques, danseurs ou acrobates, de faire leur métier ailleurs que dans des cirques, mais en l'occurrence, même ceux-ci se faisaient de plus en plus rares. Patrick Sébastien à qui je rends ici hommage n'avait pas encore créé son *plus grand cabaret du monde* grâce auquel nous pouvons voir les meilleurs de tous ces artistes visuels de haut niveau.

Monsieur Jean Ferrat n'a jamais voulu faire de récital. Quel que soit l'endroit où on l'invitait, jamais Jean le pudique n'a voulu chanter plus de quinze chansons. En revanche, il a toujours souhaité une première partie et quand il le pouvait, il imposait des artistes qu'il connaissait et qu'il voulait faire connaître à son public.

À l'Alhambra, il confia la mise en scène de la première partie à un polisson du PAF[2], Jean Christophe Averty, connu à l'époque pour *passer des bébés à la moulinette* dans ses émissions. Quoi qu'on ait pu dire d'Averty, il a apporté à la télévision un style inventif d'émissions dont pourraient s'inspirer bien de nos réalisateurs actuels. Il était fatal qu'avec lui, le spectacle soit insolent et surréaliste. Après le pianiste de jazz Memphis Slim qui passa sans problème, se succédaient dans un désordre indescriptible un boucher au tablier maculé de sang qui croisait une religieuse enceinte à la recherche du docteur Ogino, les chanteurs Pia Colombo, Bobby Lapointe, mêlés à des artistes au troisième degré dont Averty raffolait, de Louise Petit et les sœurs Rosio à Michel Muller déguisé en Hitler qui faisait le salut nazi. Le public était décontenancé; certains spectateurs allergiques au second degré étaient furieux. D'autres s'injuriaient dans la salle.

2. PAF : Paysage audiovisuel français

Lorsque Jean arrivait en deuxième partie, il lui fallait plusieurs chansons avant de pouvoir ramener le calme dans le public. Le spectacle de l'Alhambra fut suivi d'une tournée en province.

Au mois de juin, je reçus un coup de téléphone de Jean Noli, journaliste à *France Dimanche* qui souhaitait écrire un article sur Jean Ferrat. Il me demanda si je pouvais le recevoir et je lui répondis que ce n'était pas la peine, que Jean n'avait pas envie qu'on parle de lui dans *France Dimanche*, qu'il avait l'exemple des articles publiés habituellement dans ce journal sur les vedettes du show business, les propos détournés ou les scandales inventés. Non, Jean n'était pas homme à accepter que l'on dise n'importe quoi sur lui.

Il me jura ses grands dieux qu'il respecterait les volontés de Jean, qu'il était heureux, au contraire, qu'on lui parle d'un artiste d'une telle simplicité, que cela pourrait intéresser ses lecteurs de découvrir qu'il était possible d'être un artiste en vivant simplement et qu'il était sûr qu'en aucune façon, cela ne pourrait lui nuire dans l'esprit du public. Bref, il m'en a tant dit que je me suis laissé faire, et j'acceptai de le recevoir.

Lorsqu'il vint à notre rendez-vous, ses questions fusèrent dans toutes les directions. À toutes celles qui portaient sur sa vie privée, il se heurtait à mon silence que ce soit pour sa voiture, sur l'endroit où il vivait ou sur sa femme Christine. Lorsqu'il me dit :

Mais enfin, c'est une vedette, il a vendu des millions de disques, il est impossible qu'il vive comme l'ouvrier qu'il a été à vingt ans.

Eh bien si, lui répondis-je, *depuis que je le connais, il est le même qu'à ses débuts. Il n'a pas envie de fréquenter les boîtes à la mode, il préfère les petits bistrots et je crois que si vous le décriviez comme ayant l'air d'un ouvrier, rien ne lui ferait plus plaisir.*

Il est parti en me remerciant ; j'avais l'impression d'avoir réussi à ne rien lui dire de confidentiel. À sa parution le 17 juin 1965, *France Dimanche* qui, à ce moment-là, bénéficiait d'un très grand format, publia un article sur une page complète illustrée de quatre photos.

La première, un très gros plan de Jean était sous-titrée : Jean Ferrat gagne beaucoup d'argent, mais en souvenir des années de misère qu'il a vécues, il refuse toute concession et veut rester un homme très simple. En médaillon, une petite photo avec sa guitare était légendée : JEAN FERRAT : une Idole pas comme les autres, et en dessous, en quatre fois plus gros : Dites que J'AI L'AIR D'UN OUVRIER… et vous me ferez plaisir.

Une autre en pied était sous-titrée : Vedette, il vit dans un H.L.M. à Ivry, puis sous la quatrième, une photo en plan large : Jean Ferrat et sa femme Christine Sèvres. Pendant des années ils ont lutté côte à côte. Elle croyait en lui quand les autres le rabrouaient, elle l'encourageait et l'aidait de tout son amour et de toute sa foi.

L'article rédactionnel très dense qui entourait ces photos devait facilement couvrir cinq ou six pages dactylographiées[3]. Jean Noli avait dû obtenir par d'autres sources quelques informations sur l'adolescence de Jean, notamment sur son travail en usine. Il y avait rajouté la misère. Il avait pondu un roman-feuilleton de la vie de

3. Je l'ai sous les yeux. Note de l'auteur

Jean rédigé qui plus est, à la première personne. Dans un paragraphe intitulé Le jour où tout a changé, Jean est censé raconter : *en 1958, j'ai enfin trouvé un premier abri contre la misère La Colombe. Le patron Michel Valette m'a dit, après mon audition : ce que vous faites me plaît énormément. J'ai confiance en vous, je sens que vous réussirez [...] J'y ai chanté trois ans. Michel Valette, en m'assurant 2000 anciens francs par jour m'a aidé, lui aussi à tenir bon.* Et l'article se prolongeait ainsi à l'identique.

Jamais je ne m'étais vanté de cette façon ; j'étais furieux. Lorsque j'ai revu Jean, il était surtout surpris du titre qui lui déplaisait, parce que cet article pouvait faire croire qu'il jouait à avoir l'air d'un ouvrier.

La leçon à tirer est de ne pas se laisser avoir dans les engrenages de cette forme de journalisme. Un jour, Guy Béart m'a confié ce qu'un grand de la chanson lui avait dit à ce propos : *ce genre de presse est lu par 80 % de concierges. Quand on fait un grand music-hall, il y a dans la salle 50% de ces concierges. Elles sont donc indispensables si tu veux que ta carrière dure.* Etait-ce de la sagesse ou de l'hypocrisie ?

Malgré son intense activité orchestrée de main de maître par Gérard Meys, les rares moments libres que Jean pouvait s'accorder à Antraigues étaient consacrés à écrire d'autres chansons. Son camarade Coulonges lui avait apporté un ou deux ans auparavant des paroles qui, bien qu'elles ne soient pas d'actualité, lui avaient plu immédiatement. Il avait travaillé plusieurs fois la musique sans en être vraiment content. Un beau jour, il fut satisfait de celle qu'il trouva pour habiller *Potemkine.*

À cette époque-là, tout le monde avait vu le film *Le Cuirassé Potemkine* que Serguei Eisenstein avait réalisé en 1925. Bien qu'il ait été un film de propagande soviétique, il s'en dégageait un souffle créateur d'une grande intensité et sur le plan de l'esthétique, c'était d'une grande beauté.

Le texte de Georges Coulonges raconte avec une grande économie de mots la montée de la révolte des marins affamés qui doivent être fusillés parce qu'ils refusent de manger de la viande avariée. Puis se déroule la scène où les fusiliers refusent de tirer sur leurs camarades. Il n'y a rien en trop. L'auteur semble s'excuser de raconter l'histoire en disant par trois fois : *M'en voudrez-vous beaucoup si je vous dis un monde…* et le refrain donne une variation à chacune de ses phrases : *Ma mémoire chante en sourdine, Potemkine, Sur les flots je t'imagine, Potemkine, C'est mon frère qu'on assassine, Potemkine, Ils tournèrent leurs carabines, Potemkine* pour terminer magistralement par : *Ce soir j'aime la marine, Potemkine.*

C'est une chanson remarquablement construite avec des périphrases magnifiques : *Le cœur des marins au grand vent se burine / Mon frère, mon ami, mon fils, mon camarade / Tu ne tireras pas sur qui souffre et se plaint / Mon frère, mon ami, je te fais notre alcade / Marin ne tire pas sur un autre marin.*

Les faiseurs de chansons devraient prendre ici une leçon.

Jean me raconta que quelques mois plus tard, il était question qu'il fasse une tournée en Union soviétique. Il fut reçu par une assemblée de décideurs avec leurs interprètes, qui lui dirent combien ils étaient heureux de voir un artiste tel que lui venir chanter dans leur pays. Puis il fut question d'examiner les chansons qu'il allait interpréter tout au long de sa tournée. Ils se firent expliquer chaque texte. La seule chanson qui posa problème fut *Potemkine* ! Quand Jean leur demanda pourquoi, ils expliquèrent que le public soviétique risquait de ne pas comprendre, qu'une histoire de mutinerie pourrait les choquer. Bref, devant tant de mauvaise foi, la tournée ne se fit pas et Jean ne chanta jamais en Union soviétique !

C'était une chanson humaniste avant d'être politique. Eisenstein avait, quant à lui, exalté ces mutins du *Potemkine* qui se révoltaient contre leurs officiers tzaristes pour faire la révolution bolchevique, et la viande avariée qu'on voulait leur donner n'était qu'un prétexte de plus.

Dans les médias audiovisuels, la chanson *Nuit et Brouillard* avait été « déconseillée » en 1963. Pour *Potemkine*, ce fut encore plus précis. Les directeurs de chaîne d'*Âge tendre et Tête de Bois* en novembre et de *Télé-Dimanche* en décembre firent savoir à Jean Ferrat qu'il ne devait pas la chanter. En conséquence, les deux fois, il quitta les studios en refusant d'en interpréter d'autres.[4] Il est possible que les ordres ne venaient pas d'*en haut.* C'était plutôt de l'autocensure sous le prétexte absurde que l'on était en période pré-électorale. Une cinquantaine de personnalités parmi lesquelles Aragon, Elsa Triolet, Simone Signoret, Yves Montand, Guy Béart, Marcel Amont, Pierre Brasseur et Jean-Luc Godard s'élevèrent dans une lettre véhémente contre cette interdiction. Elle fut publiée dans la presse sans que l'on daignât leur répondre.

---

4. Nous revenions avec maître Gisèle Halimi et un huissier, pour faire constater qu'on lui interdisait d'entrer dans les locaux, alors qu'il était programmé à l'antenne. Un jour, il a reçu une lettre du patron de la télévision demandant qu'il s'engage à ne pas se présenter aux élections municipales d'Antraigues ! Évidemment, Jean a boycotté l'émission. (Interview de Gérard Meys dans l'Humanité du 15 mars 2010)

La France pourtant n'était pas en guerre, comme c'était le cas pour les États-Unis au Vietnam. D'ailleurs, l'histoire du *Potemkine* faisait date. C'était de l'histoire ancienne. En revanche, c'était peut-être la première fois que quelqu'un osait évoquer le devoir de désobéissance à des ordres stupides et il faudra attendre les années 2000, pour que l'on commence à en faire un thème de débats au sujet de la torture en Algérie et des massacres serbes en Bosnie, entre autres. Dans ce domaine, Jean, en abordant ce thème, était un précurseur.

Le septième super qui fut achevé en même temps qu'un passage en vedette de Jean Ferrat à Bobino, présenta *Potemkine* ainsi qu'une chanson de Michelle Senlis, *Les belles étrangères,* un fort joli pamphlet contre les corridas que Jean revêtit d'une musique d'inspiration espagnole : *[...] Allons laissez-moi rire / Quand le taureau s'avance / Ce n'est pas par plaisir / Que le torero danse / C'est que l'Espagne a trop / D'enfants pour les nourrir / Qu'il faut parfois choisir / La faim ou le taureau* Et le dernier refrain enchaîne / *Les belles étrangères / Végétariennes ou pas / Quittent leur banc de pierre / Au milieu du combat.*

Précisons qu'à l'époque où Michelle et Jean firent cette chanson, Franco n'était pas encore mort.

Jean réalisa les paroles et la musique des deux autres chansons du septième super, dont *Le Sabre et le Goupillon.* Le titre annonce bien la couleur. Antimilitariste et anticlérical. Jean n'aurait pas osé la chanter à ses débuts. Il se sentait, à présent, décidé à donner le fond de sa pensée et il savait qu'en le faisant, il grossissait le nombre de ses amis. J'ai l'impression que sans jamais s'éloigner de ses amis communistes, il s'en faisait de nouveaux chez les libertaires, lui qui était si différent de Léo Ferré. En effet, Jean se délecte à décrire l'alliance du sabre et du goupillon dans des vers forts savoureux : *C'était le temps rêvé de tous les militaires / On leur offrait des guerres et des expéditions / Que de manants joyeux sont partis chez Saint-Pierre / Le cœur plein de mitraille et de bénédictions / Du sabre et du goupillon.*

La quatrième chanson est une grande chanson littéraire écrite, une fois de plus, dans une langue très proche de celle de Louis Aragon. Ferrat prend volontairement le contrepied du poème chanté par Léo Ferré *Je chante pour passer le temps,* en écrivant *Je ne chante pas pour passer le temps*. Il s'affirme alors comme *un témoin du mal d'aimer,* ne pouvant se taire devant ce que nous offre le monde *avec ses armes et ses reîtres, avec son bruit et sa fureur.* Il dénonce ce qu'il voit de la réalité en décrivant : *Le cri qui gonfle la poitrine / De Lorca à Maïakovski / Des poètes qu'on assassine / Ou qui se tuent pourquoi pour qui / Le monde ouvert à ma fenêtre / Et que je brise ou non la glace / S'il continue de m'apparaître / Que voulez-vous donc que j'y fasse ? […] Je ne chante pas pour passer le temps.* Cette chanson fut reprise ces dernières années par *Mickey 3D.* Étonnant, non ?

Pour la première fois, les quatre chansons d'un super de Jean ont toutes en commun la révolte et la dénonciation des injustices, qu'elles revêtent dans les *Belles étrangères* ou *Le Sabre et le Goupillon* un aspect léger et humoristique ou bien grave et tragique dans *Potemkine* ou encore lyrique dans *Je ne chante pas pour passer le temps.*

Évitant cette fois les esclandres surréalistes, Jean fut vedette à Bobino en décembre 1965. Il avait construit la première partie avec le groupe vocal Les Cinq pères, Corinne Marchand et les duettistes Muller et Ferrière.

Il sélectionna les quinze chansons qu'il s'était promis de chanter, selon son habitude, parmi celles de ses derniers disques, en plus de chansons plus anciennes qu'on lui réclamait et il y ajouta les quatre qu'il devait enregistrer le mois suivant sur son huitième super chez Barclay.

Les spectateurs de Bobino découvrirent ainsi un standard tout neuf, *C'est toujours la première fois,* une magnifique chanson d'amour romantique de Jean à classer dans les chansons aragoniennes *: Enfin enfin je te retrouve / Toi qui n'avais jamais été / Qu'absente comme jeune louve / Ou l'eau dormante au fond des douves / S'échappant au soleil d'été / Tu peux m'ouvrir cent fois les bras / C'est toujours la première fois...*

À partir du 3e couplet, la construction très solide de la chanson amène dans les premiers vers de chaque couplet une phrase légèrement modifiée : *La faim de toi qui me dévore / La soif de toi par quoi je tremble / L'amour de toi par quoi j'existe* et la chanson se termine par : *Tu peux m'ouvrir cent fois les bras / C'est toujours la première fois.*

La deuxième nouvelle chanson *À l'été de la St Martin* est d'inspiration paysanne, une chanson de fête. Il est possible que Jean ait connu ce genre de fête lorsqu'il était dans sa jeunesse, réfugié à Perrier dans le Puy de Dôme, chez son oncle maternel. Il y raconte l'éveil de la sensualité tel qu'un jeune adolescent peut le fantasmer sur une musique allègre à souhait : *[...] L'amour avait l'odeur du thym / Et dans ses draps en ville franche / Ses jambes fuyaient comme tanche / Dont j'étais le menu fretin.*

Claude Delécluse s'était manifestée une nouvelle fois à Jean en lui apportant un texte parfaitement adapté à ses goûts, intitulé *Raconte-moi la mer : [...] Dis-moi le goût des algues / Et le bleu et le vert / Qui dansent sur les vagues...* Comme l'avait fait Georges Coulonges dans *Potemkine*, Claude reprend une structure identique dans les trois couplets : *La mer c'est l'impossible / C'est le rivage heureux / C'est le matin paisible [...] C'est la porte du large [...] C'est la tête en voyage [...] C'est voler comme Icare [...] La mer c'est le désir [...] La mer c'est l'innocence [...] C'est l'écume et le sable / C'est l'infinie détresse.* Et la fin est superbe : *Des choses qui s'en vont / C'est tout ce qui nous laisse / À la morte saison / La mer, c'est le regret / De ce pays d'amour / Que l'on cherche toujours / Et qu'on n'atteint jamais.*

Enfin, œuvre à part entière de Jean, *La Voix lactée* dans laquelle il se moque de sa réussite : *Jésus-Marie / Quelle décadence / Quelque chose est pourri / Dans mon royaume de France [...] Avant que mes chansons ne fassent des recettes / J'étais un paria du monde des affaires / Il paraît qu'à présent c'est fou ce qu'on m'achète / Je suis considéré autant qu'un camembert...* Il raconte dans ce texte que lui qui n'était pas copain des flics, il est parfois obligé de les appeler lorsqu'il est trop bousculé par ses admirateurs. Ce n'est pas sans rappeler l'humour d'un certain tonton Georges.

Pour un lymphatique, Jean n'avait pas trop le temps de souffler entre ses tournées et ses galas où il partait avec une formation restreinte de musiciens cornaquée par son ami Guy Boulanger. Chaque fois qu'il le pouvait, il retournait à Antraigues retrouver Christine qu'il déplorait de voir de moins en moins. Quand il pouvait y passer plusieurs jours de suite, leur maison était le lieu idéal pour écrire encore et toujours d'autres chansons. Le soir, il se rendait souvent à l'auberge du village qu'il avait achetée pour qu'elle ne ferme pas, en laissant ses vendeurs continuer à l'exploiter. Lorsque ceux-ci quittèrent les lieux, il la rebaptisera La Montagne. Il y installera en 1972 un de ses amis chanteurs, Jacques Boyer, qui jouera ainsi à la fois le porte-parole de Jean et son protecteur contre les nombreux curieux qui essayaient de lui extorquer des détails sur sa vie, sur sa maison ou sur la possibilité de l'apercevoir, même de loin. Il ne sera pas le seul à le protéger. Sans que l'on ait eu besoin de leur dire, tous les gens du pays que l'on pouvait croiser dans le village ne voulaient pour rien au monde trahir leur vedette locale. Ils étaient capables de repérer de très loin un journaliste en manque de ragots. En même temps que Jean, Gérard Meys avait fait l'acquisition d'une maison aux alentours.

Jacques Boyer s'occupait de la régie technique, éclairages et son, lorsque le village organisait une fête à laquelle Jean ne participait pas forcément. Les artistes ne manquaient pas. De nombreux amis de Jean étaient venus s'installer dans le pays et c'est ainsi que Jacques tomba amoureux d'une chanteuse nommée Odile Ezdra, que j'avais fait chanter à *La Colombe* dans un duo « *Marc et Odile* ». Comme dans un conte de fées, ils se marièrent et eurent une petite fille qui devint une chanteuse de talent, Natacha Ezdra. Odile et Jacques sont restés des amis fidèles de Jean.

En 1965, Jacques Boyer a interprété *Deux enfants au soleil* et *Mon vieux*, dans sa version originale de 1962, avec la musique de Jean Ferrat, bien avant que Daniel Guichard ne la reprenne en 1974, en la transformant et en cosignant le texte modifié, ce qui ne sera pas du goût de son auteure, Michelle Senlis. À la suite de quoi, écœurée, d'autant plus qu'elle avait écrit cette chanson en pensant à son propre père et que ce dernier venait juste de mourir, cette auteure pleine de talent a décidé d'arrêter d'écrire pour des interprètes.

De son côté, Odile Ezdra enregistra trois chansons de Jean : Les *Beaux Jours, Les Artistes,* et *Le P'tit Jardin.* Natacha est toujours une merveilleuse interprète des chansons de Jean. C'est une très belle personne douée d'une grande sensibilité.

Jean Ferrat avait accepté la charge de conseiller municipal à Antraigues. Il était un grand ami du peintre Jean Saussac qui avait été élu maire, un enfant du pays, artiste peintre, mais aussi décorateur de théâtre et de cinéma. Il fut le premier à lui avoir fait connaître Antraigues-sur-Volane.

Dans sa charge, Jean pouvait être consulté sur des sujets de petite importance comme sur d'autres concernant l'environnement, la construction, les écoles. Il avait refusé que l'on donnât son nom à l'école d'Antraigues. En revanche, il s'est beaucoup intéressé au sort des châtaigniers, en militant au sein de l'association de défense de la châtaigne ardéchoise. Il fallait lutter contre les maladies qui provoquaient la perte des châtaigniers ainsi que contre la désertification provoquée par le départ massif des agriculteurs vers la ville, alors que la châtaigneraie ardéchoise était sous-exploitée. Jean Ferrat a toujours défendu le maintien d'une vie agricole indispensable à l'entretien des forêts, à la survie d'un tissu social (écoles, poste, artisanat, commerces...) et au développement du tourisme, atout considérable.

La première fois que nous avons rendu visite à Jean et à Christine, c'est elle qui nous a fait visiter la vieille maison, qui était du genre de celles que nous aimions. Ce qui nous avait frappés, c'était que dans leur chambre à coucher, les volets d'une fenêtre ainsi que la fenêtre elle-même étaient restés fermés alors que nous étions en été. Un bourdonnement continu attira notre attention. Un essaim d'abeilles s'était installé entre volets et fenêtre et l'on pouvait voir les abeilles s'affairer dans leurs alvéoles de cire. Christine s'amusa de notre ébahissement. Elle nous expliqua qu'ils n'avaient, ni l'un ni l'autre, envie de mettre dehors ces travailleuses, car ils adoraient les observer.

Elle nous fit aussi visiter le jardin sauvage, mais bien entretenu, tout en longueur dans le bas du vallon où bruissait le torrent qui le parcourait. Jean nous avait dit que c'était le bruit de ce torrent qui avait été déterminant dans son choix d'acheter la ruine de cette ferme. Il restait un poulailler vide et Christine nous expliqua que les poules habitant la totalité du jardin, elles pondaient n'importe où. De ce fait, les cinq ou six œufs quotidiens qu'ils arrivaient à trouver ne pouvaient équilibrer la quantité de sacs de grains qu'ils étaient obligés de leur fournir. Quant aux lapins domestiques qu'ils achetaient, ils s'échappaient pour vivre leur vie avec des lapins de garenne. D'un commun accord, nos amis avaient constaté qu'ils n'étaient pas doués pour s'occuper d'une basse-cour et ils décidèrent de ne conserver comme animaux que des chiens et des chats.

Antraigues était vite devenu un lieu très particulier pour les amateurs de cette chanson française abandonnée par les médias parisiens. Que des chanteurs proches de Jean Ferrat et de Christine Sèvres aient eu envie de s'y installer n'a rien d'étonnant. Francesca Solleville fut dans les premières. Elle avait connu Jean à *La Colombe* en 1960 et lui avait très vite demandé des chansons. Elle avait chanté *Nuit et Brouillard* dès sa création. Elle chantait déjà Aragon mis en musique par Ferré et avait repris des chansons d'Aragon par Ferrat comme *J'entends, j'entends*. Elle avait aussi à son répertoire Jean Genet, Hélène Martin, Maurice Fanon, Pierre Mac Orlan, Nazim Hikmet, Pablo Neruda et Anne Sylvestre. Jean Ferrat l'avait mise en première partie, avec notre ami Marc Ogeret, dans une de ses premières tournées.

Quant à Isabelle Aubret qui avait en 1961, remporté le Grand Prix du Festival d'Enghien et en 1962, le premier Prix à l'Eurovision avec *La Fanette* de Jacques Brel, elle était restée très liée avec Jean Ferrat et Gérard Meys. En effet, Jean lui avait écrit *Deux enfants au soleil* et l'avait invitée en première partie de sa tournée. Elle eut envie de se rapprocher d'eux, elle aussi, en se trouvant une maison dans leur joli village. Ferrat et Brel sont certainement les deux artistes qu'elle a le plus chantés tout au long de sa carrière.

Peu à peu, plusieurs des amis de Jean, dans des domaines artistiques et littéraires divers, s'installèrent dans la région. Robert Enrico, Lino Ventura, Alexandre Calder, André Schwarz-Bart, Léo Ferré et Jacques Brel y passaient souvent leurs vacances, le couple Catherine Sauvage et Pierre Brasseur y avaient même acheté une maison...

Parmi les soirées spéciales qui s'organisaient une fois par an sur la place du village, l'une fut plus particulièrement marquante. Elle laissa un souvenir éblouissant à tous ceux qui ont pu y assister, tous les riverains évidemment, mais aussi des centaines de spectateurs venus de cent kilomètres à la ronde.

Ce fut le 13 août 1966, sur l'initiative du maire-poète Jean Saussac que se déroula *La nuit d'Antraigues,* un programme très éclectique avec Muller et Ferrière, plusieurs ballets, Catherine Sauvage, Pierre Brasseur, Isabelle Aubret, Jean Ferrat, deux chorégraphies de Serge Lifar pour l'une et de Roland Petit pour l'autre, ainsi que le tour de chant de Jacques Brel.

Sur les huit chansons que Jean préparait pour ses prochains disques, quatre étaient de lui à part entière. La première *Alléluia* n'est pas, comme on pourrait le croire, une référence à sa maison d'édition. Elle commence comme un manuel du savoir-vivre qui s'appellerait : *comment réussir un bel enterrement,* puis souligne les interférences entre d'un côté l'église, le corbillard, le cercueil et les cloches et de l'autre le petit blanc, la douzaine de petits blancs, le huitième pastis, les saucissons et le retour à la maison quand les cloches se mettent à voler : *Alléluia, alléluia, alléluia, alléluia !*

La deuxième *La Liberté est en voyage,* avec son refrain *Fermez vos grilles fermez vos cages / La liberté est en voyage*, est une chanson un peu folle parfois coquine, qui bouleverse l'univers des idées toutes faites, des préjugés et des partis pris, même dans l'assemblage tarabiscoté des mots employés. Une réminiscence de surréalisme, c'est-à-dire un souffle de liberté !

La troisième *Pauvre Boris,* est un coup de gueule sur le fait que *: Tu vois rien n'a vraiment changé / Depuis que tu nous as quittés [...] Et quand ça marche avec Dylan / Chacun a son petit Vietnam / Chacun son nègre dont les os / Lui déchirent le cœur et la peau / Pauvre Boris...*

La parole de Jean s'affirme ici plus libre, plus anticléricale et plus rebelle que jamais, proposant de manger *la cervelle d'un évêque avec le foie d'un militaire !*

L'antimilitarisme se retrouve dans la quatrième chanson qui s'intitule *En groupe, en ligue, en procession.* Gardant un ton humoristique et persifleur, Jean affirme ici : *Je suis de ceux que l'on fait taire / Au nom des libertés dans l'air [...] On peut me dire sans rémission / Qu'en groupe en ligue en procession / On a l'intelligence bête / Je n'ai qu'une consolation / C'est qu'on peut être seul et con / Et que dans ce cas on le reste.*

Guillaume Apollinaire, ce grand poète d'origine polonaise immigré en France et si fier d'être devenu français qu'il avait voulu se battre pour elle, avait écrit du front, une très belle lettre-poème sur laquelle Jean a composé une musique. Il est mort de ses blessures deux jours avant le 11 novembre 1918. C'est le seul texte d'Apollinaire que Jean ait musiqué et qui s'appelle *Si je mourais là-bas* : *Si je mourais là-bas sur le front de l'armée / Tu pleurerais un jour ô ma Lou bien aimée [...] Mon sang, c'est la fontaine ardente du bonheur / Et sois la plus heureuse étant la plus jolie / Ô mon unique amour et ma grande folie.*

Georges Coulonges avait une fois de plus envoyé un texte à Jean, qui en composa une très belle musique. Cette excellente chanson intitulée *Un enfant quitte Paris* est écologiste avant l'heure : *Qu'est-ce que nous deviendrons*

/ Si les enfants s'en vont / Si le soir nous n'avons / Plus jamais leur sourire / J'ai voulu alerter / Toute la société / Et nul ne m'entendit / Il y a trop de bruit...

Alerte est lancée à cette société où on ne s'entend plus à cause des autos, des camions, du métro, des usines, des radios !

Jean Ferrat prit ensuite une chanson à Jean-Claude Massoulier, un acteur qualifié de protéiforme parce qu'il écrivait, jouait, chantait, avait de multiples talents, en somme. Il l'avait connu à ses débuts à *La Colombe* où je l'avais engagé. Il écrivait des textes de chansons plutôt rigolos, mais parfois poétiques et graves. Le texte proposé ici est très beau. *Maria* traite de l'atrocité des guerres civiles en réussissant remarquablement à éviter le mélo : *Maria avait deux enfants / Deux garçons dont elle était fière / Et c'était bien la même chair / Et c'était bien le même sang [...] L'un était rouge, et l'autre blanc [...] Qui des deux tira le premier / Et lequel des deux s'est tué / Sur le corps tout chaud de son frère ? [...]* La chute est magnifique, c'est ce que fait simplement Maria lorsqu'on lui parle de la guerre et de la liberté : *Elle vous montrera la pierre / Où ses enfants sont enterrés...*

Cette chanson fut reprise par de nombreux interprètes, et notamment par Mireille Rivat.

Revenant sans se lasser aux poèmes d'Aragon, Jean réussit une fois de plus à faire de l'un d'eux une de ses plus belles chansons : *Heureux celui qui meurt d'aimer.*

Comme je m'étonnai de sa facilité à trouver encore et encore des poèmes chez le grand poète, Jean m'avait confié : *tu sais, je ne fouille pas dans toute l'œuvre d'Aragon, comme l'ont fait Ferré et quelques autres. Aragon a traité énormément de sujets et parfois dans des styles différents, dans une œuvre extrêmement copieuse. Moi ce qui m'intéresse, c'est certains de ses textes, parce qu'ils me ressemblent et que je m'y sens bien. Je ne mets pas en musique n'importe quel Aragon, mais seulement mon Aragon à moi.*

Voilà pourquoi il était toujours en symbiose avec les vers qu'il choisissait, jusqu'à être influencé par leur lyrisme quand il construisait lui-même ses textes *: Ô mon jardin d'eau fraîche et d'ombre / Ma danse d'être, mon cœur sombre [...] Jeunes amants vous dont c'est l'âge / Entre la ronde et le voyage / Fou s'épargnant qui se croit sage / Criez à qui vous veut blâmer / Heureux celui qui meurt d'aimer.*

Les deux supers de ces huit dernières chansons parurent en février 1967, un mois après la parution d'un album 30 cm qui les contenaient toutes et auxquelles on avait rajouté deux autres chansons.

Dans *Chanson pour toi*, qui fait référence à des impressionnistes, Matisse, Cézanne, Renoir et Manet, Jean composa une musique reposante et sensuelle sur un texte frais et léger de Michelle Senlis : *Quand l'aube se prend pour Matisse / Quand les papillons se déplissent [...] J'ouvre les yeux et je te vois / J'ouvre les yeux et je te crois / J'ouvre les yeux et c'est pour toi / Que je veux vivre, mon amour ...*

Autre chanson de ce super, *Un jour, un jour* est un texte magnifique d'Aragon qui déplore à chaque couplet les crimes de l'Humanité, la violence, le feu, les assassins se partageant la terre, la guerre sans cesse, les bagnes et la torture : *[...] Et cette bouche absente et Lorca qui s'est tu / Emplissant tout-à-coup l'univers de silence / Contre les violents tourne la violence / Dieu ! Le fracas que fait un poète qu'on tue...*

Jean a voulu écrire lui-même un refrain en contrepoint pour ramener l'espoir : *Un jour pourtant, un jour viendra couleur d'orange / Un jour de palme, un jour de feuillages au front / Un jour d'épaule nue où les gens s'aimeront / Un jour comme un oiseau sur la plus haute branche.*

Chapitre V

La moustache de Jean Ferrat

Un mois après la sortie de l'album, Jean Ferrat fut de nouveau vedette à Bobino avec, en première partie, Dupont et Pondu dont il aimait l'humour burlesque et Francesca Solleville. Pendant trois semaines, le music-hall fit le plein de spectateurs inconditionnels de notre ami qui n'a jamais autant annoncé sa couleur politique.

Deux mois plus tard, la gauche remporta les élections.

1967 marqua un tournant dans la carrière de Jean, même s'il continuera jusqu'en 1972, à enregistrer ses chansons sous le label de Barclay. Il resta fidèle à son ami Gérard Meys et le laissa gérer ses affaires en toute confiance. Ils se sont d'ailleurs associés, Gérard prenant en charge d'autres artistes dont il assura la direction artistique et l'édition.

Le catalogue des Disques Meys put s'enorgueillir des enregistrements réalisés avec Isabelle Aubret, Georges Chelon, Pia Colombo, Jean-Claude Darnal, Jacques Debronckart, Maurice Fanon, Juliette Greco, Félix Leclerc, Francis Lemarque, Allain Leprest, Romain Didier et Marlène Jobert. Mais il est vrai que l'artiste auquel il consacrait le plus de temps et de soin était Jean Ferrat. À une interview donnée le 15 mars 2010 dans L'Humanité, Gérard Meys a déclaré : *Jean gardait une totale indépendance d'esprit. Pour moi, il incarne l'intégrité absolue* (fin de citation).

Les bruits concernant certaines exactions du régime stalinien titillant désagréablement ses oreilles, Jean décida d'aller voir de plus près une autre application du communisme en se rendant à Cuba. Il voulait y aller en touriste au mois de mai. Dès que le gouvernement cubain eut vent de sa visite, il chargea son Conseil national de la Culture de lui envoyer une invitation officielle de la part de l'État, lui proposant une tournée d'une dizaine de récitals. Il accepta. Le trajet dut se faire par Prague, l'Irlande et Terre-Neuve, car il n'y avait pas à ce moment-là, de ligne directe entre la France et Cuba. Accueilli comme un chef d'État, il disposa de l'avion personnel de Fidel Castro pour faciliter sa tournée. Les Cubains avaient accepté qu'il vienne avec son épouse Christine, son producteur, l'ami Gérard Meys, son technicien, ses propres musiciens et leurs femmes. C'était la première fois, depuis que Castro avait pris le pouvoir, qu'un chanteur européen allait chanter à Cuba. Il était un inconnu pour le public, mais on avait distribué dans la foule la traduction de ses chansons. Il connut un énorme succès et fut réellement stupéfait de voir le public se lever pendant ses chansons et se mettre à danser sur sa musique.

Les autorités locales avaient pour lui des égards exceptionnels. Le Leader Maximo organisa une réception en son honneur et lui fit l'accolade. À son grand étonnement, Fidel lui parla même de ce qu'il connaissait de la chanson française et cita Anne Sylvestre ! Jean fit deux émissions à la télévision dont l'une était la retransmission d'un de ses spectacles en plein air.

La tournée terminée, Christine Sèvres et les musiciens rentrèrent en France. Jean et Gérard purent avoir du temps libre pour visiter les plus beaux sites de l'île et les villes les plus typiques, en utilisant à leur guise la voiture américaine qui avait appartenu à la femme du dictateur Battista. La découverte de ce pays fut pour Jean un émerveillement. Les gens, d'abord. Très pauvres dans l'ensemble, mais d'une grande gentillesse. Très souriants et sans aucune méfiance vis-à-vis des étrangers. Très propres, même avec des vêtements usagés. Les femmes portaient des robes hautes en couleur. Jean fut surpris de constater que dans les plus petits villages, toujours poussiéreux, car les routes étaient le plus souvent sans bitume, on pouvait demander son chemin à n'importe qui, les plus modestes d'entre eux étant capables de vous renseigner en un espagnol correct, car tous étaient alphabétisés. À l'intérieur des bureaux de poste situés dans des coins les plus perdus, on pouvait admirer des toiles de peintres abstraits accrochées aux murs.

Les enfants qui sortaient de l'école portaient tous un uniforme. La couleur vive de leur chemise était celle de leur niveau scolaire. Pour les filles, une jupette bleu foncée et pour les garçons, un short bleu foncé également. La plupart des Cubains roulaient à vélo ou dans de grosses voitures américaines déglinguées datant d'avant la Révolution, confisquées aux dignitaires de l'ancien régime, mille fois réparées, retapées sommairement, mais roulant bruyamment, si ce n'est miraculeusement, sur des routes souvent défoncées. La nuit, il fallait faire attention de ne pas renverser les cyclistes qui roulaient sans lumière.

Les villes étaient étonnantes. La Havane, Pinar del Rio, Santa Clara, Cienfuegos, Santiago de Cuba, Jean nous en parlaient, émerveillé de leur pittoresque, nous montrant des photos. Il faut imaginer de superbes maisons de style colonial aux ornementations rococo, abandonnées depuis plus de trente ans par leurs riches propriétaires et envahies par des armées de clochards se redistribuant leur occupation sans logique bien définie. Ils étaient sans argent pour entretenir ni même réparer, remplaçant les vitres cassées par des bouts de planche ou de carton et les tuiles des toits par des plaques de tôle ondulée. Jean me disait son admiration pour les statues de marbre, les bas-reliefs finement sculptés, les balcons aux grilles ouvragées servant de supports à des ferrailles tordues d'où partaient des fils de fer pour étendre le linge des familles d'un balcon à l'autre. Le tout, parcouru et escaladé par des ribambelles de bambins dont la couleur variait du noir ébène au gris rose, adorables, pieds nus et peu vêtus, mais il fait si chaud là-bas qu'un short fait l'affaire. La nature avait repris peu à peu le dessus dans les jardins sophistiqués qui entouraient les maisons, les plantes grimpantes s'enroulant autour des balustres, jusqu'à pénétrer à l'intérieur par les ouvertures.

Dans les rues, circulaient dans tous les sens sans code bien précis, les belles américaines défraîchies, les bus d'une forme bizarre, baptisés « *oua-oua* », surchargés de gens s'agrippant aux portes, surveillés par des policiers d'allure débonnaire.

Jean admirait le patrimoine architectural hétéroclite très coloré, regrettait qu'il soit laissé sans restauration et malheureusement, parsemé d'immeubles de six à huit étages en béton brut, commencés par des architectes russes qui ne les avaient pas terminés, déjà salis par la pollution automobile. Lorsqu'une vieille maison s'écroulait, on dégageait ses ruines et on la remplaçait en effet par ce prototype bon marché de la civilisation soviétique. Dans de nombreux endroits, des villes conservaient le culte de Che Guevarra qui, deux ans plus tôt, avait décidé de démissionner de son ministère et de sa nationalité cubaine pour défendre d'autres causes révolutionnaires en Amérique latine. Ses immenses portraits étaient toujours fleuris régulièrement.

Sur toutes les places des grandes villes, régnait presque chaque jour, une atmosphère de fête autour des brasseries dont les terrasses sous colonnades torsadées avaient chacune son groupe de chanteurs musiciens. Leurs admirateurs étaient plus souvent des passants extérieurs que des consommateurs. Les prestations musicales étaient vivement applaudies et commentées avec sérieux. Jean sympathisa avec plusieurs d'entre eux. Assis sur les trottoirs où ils pouvaient s'adosser au bois des colonnades, de très vieux Cubains aux visages couverts de rides mâchaient des chiques. Certains, les yeux à demi fermés, fumaient d'énormes « *barreaux de chaise havanes* », en s'interrompant parfois pour cracher.

Dans l'esprit de Jean, nul doute que ce peuple mal nourri était heureux. D'ailleurs, ne disposant que de la radio officielle et de la télévision d'État, comment aurait-il pu en être autrement ? Il n'avait à sa disposition aucun point de comparaison avec ce que pouvait être la vie dans un pays capitaliste. L'embargo américain datait de sept ans et avait empêché tout apport de progrès, tout enrichissement dans ce pays qui faute du plus sommaire entretien, partait à vau-l'eau.

Néanmoins, en deux mois et demi, Jean était tombé amoureux de Cuba et avait commencé à laisser pousser sa moustache.

Ce voyage l'ayant cependant fatigué, alors il décida, avec Gérard Meys, de prendre huit jours de repos au Mexique. Ils repassèrent par Cuba le jour de la fête nationale et rencontrèrent par hasard Claude Vinci, un autre chanteur de *La Colombe* qui était venu participer à un festival.

Jean revint en France doté d'une superbe paire de bacchantes qui ne le quittera plus. En octobre, il apprit la mort du Che en Bolivie.

La chanson qu'il mijotait pendant son séjour cubain prit forme très rapidement et l'annonce de la mort du Che ne fit que l'activer. Elle s'intitule *Les Guérilleros : Avec leurs barbes noires / Leurs fusils démodés (bis) / Avant qu'il soit demain / Ils seront des milliers (bis) / Il y a peu de temps / Que le nom des sierras / De tout un continent / Rime avec Guevara / Les guérilleros…*

Autre chanson, *À Santiago,* autre style, mais musique à la cubaine et rythme endiablé ! Une fois de plus, Jean se moque de lui-même dans un style proche de celui d'Henri Salvador *: À Santiago de Cuba (bis) / Le carnaval nous entraîne / Quatre nuits sans perdre haleine / L'orgue oriental se déchaîne / Et moi qui danse comme un troène.*

C'est du vécu ! Chaque couplet est construit de la même façon et se termine ainsi, pour le deuxième : *Moi moi qui danse comme une soupière !* Pour le troisième : *Et moi qui danse comme une barrique !* Et pour le quatrième : *Les petits seins des métisses / Du miel et du pain d'épice / Je côtoie des précipices / Et moi qui danse comme une saucisse ! / Allez mon vieux, faut tenir, hein / À Santiago de Cuba.*

Dans sa troisième chanson, *Excusez-moi*, il fait plus que de se moquer de lui. Il s'excuse, et cela devient une chanson pour timide qui aurait bien convenu à Bourvil : *Excusez-moi / De ne pas être plus habile / De ne pas danser sur un fil / De ne pas me tenir très droit...*

Deux autres chansons, que Jean réalisa à part entière en rentrant à Antraigues et en retrouvant Christine, marquèrent sa satisfaction à se retrouver loin des bruits de Cuba, dans le calme de sa maison et la fraîcheur de son jardin. La première s'intitule *Ce qu'on est bien mon amour : [...] Ce qu'on est bien / Dans ce pays de vent, de genêts, de bruyères / Ce qu'on est bien / Seul le bruit du torrent déchire le silence / Et tu dis mon amour, nous avons trop de chance [...] Ce qu'on est bien / Et tu dis mon amour, nous sommes seuls et libres.*

La deuxième, *Mourir au soleil*, est aussi une chanson d'amour, mais d'un amour point final livrant ici de Jean une facette romantique peu connue chez lui avec cette association de l'amour et la mort : *Je voudrais mourir debout, dans un champ, au soleil / Non dans un lit aux draps froissés / À l'ombre close des volets / Par où ne vient plus une abeille, une abeille ...*

Par cette chanson, j'ai ainsi appris qu'il n'y avait plus d'essaim d'abeilles entre volets et fenêtre dans la chambre à coucher de Jean !

Depuis son retour d'Amérique latine, il avait eu l'occasion de se rapprocher d'Henri Gougaud dont j'avais également parrainé les débuts d'auteur-compositeur à *La Colombe.*

Henri, un Carcassonnais très engagé à gauche et de surcroît militant, pour la résurrection officielle de la culture occitane, avait connu Jean par l'intermédiaire de Christine Sèvres en 1966, à l'Écluse, où elle passait en vedette, et lui en milieu de programme. Elle cherchait des textes de chansons. Il lui en avait donné trois : *Cuba si, Prisunic* et *Le point du jour.* Jean les avait mises en musique ; elles lui avaient plu ; il les avait enregistrées.

Henri Gougaud raconte : « *C'est à cette occasion que j'ai rencontré Jean et que notre collaboration a commencé. Après, j'ai écrit directement pour lui. En période de préparation de disque, je lui montrais les textes que j'avais faits dans les mois qui précédaient.* »[1]

Pour Jean, *Cuba si* arrivait à point : *[...] Il dit j'ai vu Harlem il dit j'ai vu New York / Et noir, j'avais si peur devant les chiens à nègres [...] Que je devienne un jour un vieux singe ridé / Que le ciel de Cuba se brise comme verre / Je sais que l'on peut vivre ici pour une idée / Mais ceci est une autre affaire / Cuba, Cuba, Cuba si.*

Jean avait habillé ces paroles d'une musique très latine avec des rythmes rapides, influencés par ceux qu'il avait découverts à Cuba et la chanson très percutante en était presque devenue une chanson de propagande.

Au point du jour, en revanche, nous ramène à l'atmosphère bucolique d'une belle matinée, d'une rose qui s'éveille, d'une femme belle qui se met nue. Mais les deux derniers couplets rompent l'harmonie du tableau et le sentiment de culpabilité donne un goût amer au café : *Mon bonheur me fait un peu honte / Tandis que dans ma chambre monte / La bonne odeur de café noir / Encore un jour la vie l'espoir / Le point du jour.*

La troisième chanson d'Henri Gougaud, intitulée *Prisunic*, ironise avec talent sur l'univers plastifié des magasins bon marché : *[...] Prisunic, Prisunic en passant*

1. Extrait d'interview par Raoul Bellaïche dans « Je chante n° 6 » de 1991).

je souris / Aux petites vendeuses couleur de pschitt orange / Ô vendeuses chéries en matière plastique / Prenez mon plasti-cœur et mes plasti-baisers / Puis nous nous coucherons dans l'herbe synthétique / Nous ferons des enfants à l'âme triphasée...

Les deux chansons de Jean Ferrat qui vont compléter l'album 30 cm qui paraîtra en décembre 67, n'illustrent pas sa période cubaine. *Indien* décrit un individu du tiers monde dans son dur labeur, son faible espoir, la faim qui le tenaille. Elle pourrait se situer en Afrique, en Asie ou en Amérique latine et son héros, un saisonnier, pourrait être de n'importe quelle couleur. Ici, il est rouge et il est mexicain : *Dans son village / Il a laissé femme et enfants / Dans son village / Qui l'attendent depuis longtemps / Sans colère / Pauvre, pauvre, pauvre Indien / Plante un à un / Le maïs en grains.*

La dernière chanson de Jean est un coup de gueule, rare chez lui, qui le plus souvent, préfère avancer ses arguments en douceur ou par le biais de l'humour. Cette chanson intitulée *Pauvres petits C...* est étonnamment prémonitoire, car elle va sortir dans l'album en décembre 1967, juste cinq mois avant mai 68. Que l'on ne s'y trompe pas. Elle n'est pas contre la jeunesse qui bientôt va se soulever, mais contre une autre jeunesse qui risque de polluer ce soulèvement : *[...] Vous vous dites la jeunesse / Pauvres petits cons / Fils de bourgeois ordinaires / Fils de Dieu sait qui / Vous mettez les pieds sur terre / Tout vous est acquis / Surtout le droit de vous taire / Pour parler au nom / De la jeunesse ouvrière / Pauvres petits cons...*

Il en rajoute sur leurs contestations éphémères, et sur la certitude que ces petits cons voteront comme leurs pères.

Le disque sortit comme prévu. Il fut accueilli chaleureusement par les gens de gauche. Mais dans la presse, les critiques de droite ne se gênèrent pas pour fustiger Ferrat. Dans les chansons du disque, il affichait trop nettement ses positions et ce n'était pas du goût de tous. Ceux qui déjà le traitaient de « coco » s'en donnèrent à cœur joie. Il fit alors une grande tournée en France, en Afrique et au Canada. Il revint au moment le plus chaud des manifestations d'étudiants dans le quartier latin. On était en mai 1968.

Beleine et moi avions commencé à suivre à la radio les premières manifestations du quartier latin lorsqu'un jour, de notre fenêtre, nous vîmes un groupe de CRS poursuivre un jeune homme et le tabasser lorsqu'il fut tombé par terre. Nous étions choqués et avons voulu voir par nous-mêmes, ce qui se passait dans le quartier. La pagaille qui régnait, de la place Saint-Michel jusqu'au Panthéon, était indescriptible. Nous assistâmes aux constructions des premières barricades et aux charges de CRS qui nous obligeaient à courir pour éviter les coups. Nous avons respiré les bombes lacrymogènes qui nous faisaient toussoter et pleurer. Nous avons constaté la gentillesse des riverains qui, de leurs fenêtres, indiquaient aux manifestants une charge en préparation, et parfois jetaient des seaux d'eau sur les forces de l'ordre. Peu à peu, une zone comprenant la Sorbonne, l'Odéon, le quartier Saint-Séverin, une bonne partie du boulevard Saint-Germain, le quartier Notre-Dame et la rue Saint-Jacques fut laissée aux contestataires et il se produisit entre ceux-ci et les passants curieux non impliqués jusqu'alors, des rassemblements et des discussions interminables où chacun se remettait en question. Tout y passait, la société dans laquelle nous vivions, les moyens d'améliorer les choses, le tout dans une gentillesse et une bonne humeur jamais rencontrées jusqu'alors.

Il faut dire que tout le monde avait le temps. La vie active, les affaires s'étaient arrêtées, la grève était générale. Nous avions évidemment fermé *La Colombe,* nos clients huppés du XVIe et de Neuilly ne se risquant pas dans un quartier où il était question d'émeutes. Les voitures, faute d'essence, ne roulaient plus. Il faisait beau et bon. Des slogans très imaginatifs et souvent pleins d'humour fleurissaient sur les murs, bannissant la vie bourgeoise et ses contraintes, maudissant l'argent et prônant la jouissance. Une ambiance extraordinaire où l'on voyait des gens simples se mettre à parler en public alors qu'ils n'auraient jamais osé auparavant prendre la parole, même devant trois personnes.

Nous sommes allés au théatre de l'Odéon que Jean-Louis Barrault avait laissé ouvert aux contestataires. Toute la journée, des prises de parole se succédaient pour qui voulait la prendre. On pouvait entendre les pires âneries, mais la rumeur d'une assistance ironique savait les interrompre au profit d'analystes intéressants et parfois rigoureux qui proposaient des projets de société très originaux. Lorsqu'il voulut simplement donner son avis, nous avons eu la tristesse de voir Jean-Louis Barrault se faire huer pour la simple raison qu'il avait représenté le pouvoir dans ce même théâtre. Les *Pauvres petits cons* que chantait Jean Ferrat quelques mois auparavant cherchaient à s'imposer pour faire croire qu'ils inventaient la révolution et à l'opposé, de vieux syndicalistes étaient vexés de se voir piquer des idées qu'ils essayaient vainement de défendre depuis des années.

Nos camarades artistes que nous rencontrions acceptèrent d'aller chanter dans les usines en grève et j'établis alors dans notre appartement de *La Colombe* un bureau où nous recevions au téléphone les demandes des grévistes et où nous proposions les artistes volontaires et disponibles. Comme il était agréable de ne pas avoir à tenir compte d'un budget à discuter ! Les comités d'entreprise de toute la région parisienne eurent rapidement nos coordonnées téléphoniques et je programmais ainsi dans le désordre, des artistes comme Raymond Devos, Pierre Doris, Leny Escudero, Claude Vinci, Moustaki, Francesca Solleville, Jean Ferrat, Ivry Gitlis ainsi qu'une cinquantaine d'autres devant des ouvriers surpris de voir dans leurs usines, des artistes de talent dont ils avaient très peu entendu parler pour la plupart.

Jean Ferrat m'apprit que Félix Vitry, le directeur de Bobino où il était passé l'année précédente acceptait de laisser son music-hall ouvert aux artistes grévistes. C'est ainsi que nous « occupâmes » Bobino. La nouvelle s'étant répandue par le téléphone arabe, nous fûmes bientôt une trentaine à essayer de voir comment nous pourrions améliorer la situation des artistes dans une nouvelle société. C'est ainsi que se constituèrent *Les États généraux de la Chanson.* Nous nous répartîmes les tâches en certains secteurs bien précis : – Le statut des vedettes (juridique, social, fiscal) – La concurrence des amateurs – La formation professionnelle (nécessité d'une carte professionnelle ou non) — Le statut des débutants — La syndicalisation des artistes — Les rapports de l'artiste avec les musiciens, avec les firmes de disques, avec les éditeurs, avec les secrétariats d'artistes, avec la presse, avec les employeurs : petits cabarets, entreprises de gros spectacles, (music-halls, ORTF, tourneurs) – La liberté d'expression – La garantie de l'emploi – Les indemnités chômage – Les droits d'auteur – Les droits d'interprète – Les subventions – Les problèmes de l'utilisation de l'artiste à des fins publicitaires – Les interpénétrations de la variété avec le théâtre, avec le cinéma.

Aujourd'hui, on peut hélas constater que la plupart des problèmes que nous avons étudiés alors n'ont toujours pas été résolus (sauf peut-être en ce qui concerne les droits des interprètes puisque l'ADAMI a été créé et semble être une belle réussite), mais notre rapport n'a jamais été étudié en haut lieu. Nous avions pourtant réalisé un travail sérieux et jamais le ministère de la Culture n'a donné suite à nos demandes de rendez-vous.

J'avais été élu secrétaire général car ces travaux m'intéressaient et j'y ai consacré tout mon temps pendant deux ou trois mois. Je n'étais pas le seul à être assidu. Jean Ferrat venait travailler à mes côtés presque tous les jours ainsi que Claude Fonfrède, Dorte une chanteuse danoise francophone et Claude Dejacques, qui était directeur artistique chez Philips et à qui on avait confié de plancher sur les maisons de disques. Raymond Devos passait nous voir et nous encourageait.

Nous pûmes rassembler toutes les professions de la chanson de variétés lors d'une Assemblée générale, le 27 juin, à 15 h, à Bobino. La salle était pleine. Parmi les artistes connus, on reconnaissait Raymond Devos, Yves

Montand, Marcel Amont, Juliette Gréco, Alain Barrière, Pierre Doris, Pia Colombo, Moustaki, Mouloudji, André Gaillard, Serge Reggiani. On y exposa l'état des études effectuées par les commissions, qui furent approuvées par des applaudissements, on proposa aussi une motion disant que les artistes de variétés devraient détenir par eux-mêmes, la possibilité de fixer les règles qu'on leur appliquait. Cette motion fut signée par 60 % d'entre eux.

Claude Dejaques n'avait pas voulu venir à cette assemblée. Il y sentait, a-t-il dit, *la canalisation et la reprise en main*. Il est vrai que nous n'avons pas su imposer avec la force nécessaire ce que nous sentions de la nécessité d'une réforme complète. Claude a écrit dans son livre *Piégée la chanson* (mars 1994) *: Tout cela a été proposé depuis longtemps par de nombreux auteurs et interprètes, dont Boris Vian, bien entendu, et Dubillard, et tant d'autres, ainsi que par les premiers groupes de cafés-théâtres, de* La vieille Grille *au* Café de la Gare. *Mai 68 était déjà inscrit dans la chanson, celle des années 50, celle des années 60. Il suffit de reprendre le fil à rebours pour retrouver les mots et les idées véhiculés, un beau travail pour spécialiste de l'exégèse*.

Il est certain que rien que dans l'œuvre de Jean Ferrat et dans son comportement sans concessions, on aurait presque trouvé l'essentiel.

Le printemps 1968 ne s'était pas exacerbé qu'à Paris. Lorsque pour juguler le Printemps de Prague, les chars russes envahirent la Tchécoslovaquie, Jean fit entendre son indignation à toutes les instances du Parti communiste.

Le hasard fit que le premier album 30 cm de Christine Sèvres sortit chez CBS, le 10 mai 1968. Il passa inaperçu.

La presse n'en fit pas état, ayant d'autres chats à fouetter. Cet album contenait quelques chansons superbes, qu'elle chantait avec force et élégance. Outre une chanson de Jean Vasca, un des grands poètes de *La Colombe* lui aussi (*Vivre en flèche*), on trouvait *Oscar et Irma,* une chanson très amusante de Jean Obé et de Marcel Yonnet, le pianiste de *La Colombe.* Christine reprenait, après Jean, la chanson *Cuba si* de Gougaud et Ferrat. Il y avait aussi *Tu es venu*, une magnifique chanson que Jean lui avait faite sur mesure, en la décrivant telle qu'elle était avant et pendant leur rencontre : *[...] Et quand la nuit venait me prendre dans ses bras / J'avais peur de mon ombre et la bravais, superbe / Et puis, tu es venu / Vois, le monde est en gerbe [...] Et puis, tu es venu / Vois, il fait beau, il neige [...] Puisque tu es venu / Vois, tout devient possible.*

Dans le même album, on trouve de nouveau un texte de Louis Aragon intitulé *Robert le Diable* que Jean avait mis en musique et qu'il ne chanta lui-même que quatre ans plus tard, en hommage à Robert Desnos : *[...] Tu portais dans ta voix comme un chant de Nerval / Quand tu parlais du sang jeune homme singulier / Scandant la cruauté de tes vers réguliers / Le rire des bouchers t'escortait dans les Halles... [...] Je pense à toi Desnos qui partis de Compiègne...*

Dans ce même disque, une autre chanson de Christine mérite d'être signalée pour l'interprétation intense et rigoureuse qu'elle en donne : *Trois cigarettes,* un poème d'Audiberti que Jorge Milchberg a mis en musique.

Jean Ferrat montra à l'occasion de ce disque l'admiration et l'amour qu'il portait à son épouse. Lorsqu'il sortit, une interview d'Agnès de la Faye a laissé une vidéo qui en témoigne. Du fait des évènements, le disque n'eut pas le retentissement qu'il aurait mérité. *C'est la faute à pas d'chance* et Christine, dont la fragilité n'avait pas besoin de ce genre d'échec pour qu'elle doute d'elle, à l'heure où tout ce qu'entreprenait Jean réussissait, reprit quand même confiance en elle, lorsque Serge Reggiani lui demanda d'assurer sa première partie à Bobino, en février 2009.

Quand les évènements se sont peu à peu apaisés, Gérard Meys crut bon de faire réenregistrer à Jean ses premiers succès publiés chez Decca, *Deux enfants au soleil, Ma Môme, J'entends j'entends, La fête aux copains, Federico García Lorca, Les nomades, Napoléon IV, Mes amours, Les noctambules* et *L'homme à l'oreille coupée.* Il parut en décembre. Ce qui n'empêchait pas Jean de travailler à de nouvelles chansons pour un cinquième album 30 cm Barclay, qui pouvait attester que sa veine ne tarissait pas.

Trois chansons vont dominer les autres. La première est une pensée nostalgique sur les évènements passés qui s'intitule *Au printemps de quoi rêvais-tu ?* dont les paroles et la musique sont de Jean : *[...] Vieux monde clos comme une orange [...] Au printemps de quoi doutes-tu / Mon amour que rien ne rassure [...] Au printemps de quoi rêves-tu ? / D'une autre fin à la romance / Au bout du temps qui se balance / Un chant à peine interrompu / D'autres s'élancent...*

Si d'autres s'élancent, le rêve et l'espoir sont toujours là. La désespérance sied mal à Ferrat !

La deuxième est devenue un morceau d'anthologie.

Henri Gougaud en avait montré le texte à Jean en lui disant : *Non, ce n'est pas pour toi, c'est un duo*, et Jean, après lecture, a répondu : *Mais si, je la veux, je la chanterai avec Christine.*

Bien lui en a pris. C'était *La matinée*, qu'il dota d'une musique simple et belle que l'ami Goraguer sut orchestrer dans un style très symphonique. Un merveilleux dialogue entre la femme qui dit à son mari de se lever : *Il est temps, le soleil nous inonde, de respirer,* il y a du travail, *labourer la terre, tirer l'eau du puits,* aller voir *la vigne,* tandis que le mari répond : *attends, j'ai pas fini mon rêve, je refaisais le monde, j'efface mille avions, une guerre, un empire, changer la vie, abolir la misère. Le monde abandonné, je le donne au poète.*

Et ils reprennent tous deux : *Le monde sera beau / Je l'affirme, je signe.*

Les deux voix s'harmonisent à merveille. Cela donne une chanson *rare.*

La troisième chanson fit du bruit, et on tenta pourtant de la faire taire. Quand la qualité est là, il est difficile qu'elle demeure cachée. Cette chanson *Ma France*, a le souffle des *J'accuse* de Zola, des suppliques de Victor Hugo, de la dignité de Jaurès. Elle parle aux Français sans chauvinisme. C'est de l'anti-Déroulède, qui exalte ce qu'il y a de plus noble en nous : *[...] Du printemps qui va naître à tes mortes saisons / De ce que j'ai vécu à ce que j'imagine / Je n'en finirais pas d'écrire ta chanson / Ma France [...] Qu'elle monte des mines, descende des collines / Celle qui chante en moi la belle, la rebelle / Celle de trente-six à soixante-huit chandelles / Ma France.* Allusion au Front populaire de 1936, et à mai 1968.

Difficile de concevoir un album de Ferrat sans une chanson d'Aragon. Jean dénicha cette fois un texte où le poète exprime son sentiment de culpabilité vis-à-vis de son silence devant les assassinats de poètes dans le monde. La chanson s'appelle à juste titre *Les Poètes* : *Je ne sais ce qui me possède / Et me pousse à dire à voix haute / Ni pour la pitié, ni pour l'aide / Ni comme on avouerait ses fautes / Ce qui m'habite et qui m'obsède...*

Jean mit aussi en musique un texte curieux et amusant de Maurice Bourdet intitulé *Ariane*. Il décrit sa recherche d'Ariane dont il a perdu non pas le fil, mais l'adresse exacte, dans un grand ensemble où il y a plus de 164 escaliers : *Devant ces mille et une portes / Je sens que la colère m'emporte / Ariane, Ariane m'attend [...] Par l'allumette que j'enflamme / J'en fonds cet ensemble sans âme / Le feu fera surgir la femme / Ariane...*

Le disque fut doté de deux autres chansons d'humour. J'ai parlé plus haut, de l'une d'elles, au sujet des deux clans dans la famille de Jean lorsqu'il était un mouflet, *L'idole à Papa* où Jean s'y révèle imitateur de Tino Rossi. Il existe une vidéo où Jean la chante à Tino.

L'autre est une satire de l'administration telle que l'on commençait à la ressentir à l'époque dans toute sa lourdeur, *Le bureau*. Aujourd'hui, on l'appellerait peut-être *Le placard.* Le refrain donne le ton : *Assis sur leur chaise / Derrière leur bureau / Comme un long malaise / Qui colle à la peau.*

Plus folâtre, Jean produisit à part entière une chanson très différente de celles auxquelles il nous avait habitués, *Les Filles longues : Les filles longues, longues, longues / Sans autre ornement ni bijou / Que leurs cheveux qui tombent tombent / Sur leurs genoux / Les filles folles, folles, folles / Sans autre probité candide / Que leur fourrure qui frôle, frôle / Ma bouche avide…*

Ces filles me font penser aux *Parisiennes* de Chiraz.

Quatre textes d'Henri Gougaud finissent de remplir l'album. Le premier intitulé *Rien à voir*, met en opposition les belles choses que l'on peut admirer autour de soi dans la vie : *Et dans les Prisons rien à voir ;* les fruits, les filles, le jazz et le classique, la vie en rose aux monuments aux morts *Et dans les casernes rien à voir ;* les chemins qui ne vont nulle part, les pains multipliés, Jésus faisant l'amour dans les fleurs *Et dans les églises rien à voir ;* les vieux dans les pommiers, du vent dans les branches, un hymne national qui veut te faire danser avec *Et dans le soleil tout à voir.*

Hop-là Nous vivons, la deuxième chanson, se présente comme une chanson de guérilleros pacifistes, amoureux de l'amour, de la liberté, de la fraternité et du soleil.

La petite Fleur qui tombe est le troisième titre. Qui pourrait se méfier d'une petite fleur profane qui jamais ne fane place de la Liberté ? Sous des allures tranquilles, elle *pourrait (bien) faire un bruit de bombe.* Cette chanson d'apparence anodine est une chanson pré-révolutionnaire !

Quant à la quatrième, intitulée *Un jour futur,* nous sommes vraiment dans l'après-mai 68, avec des accents hugoliens : *[…] Regardez-le l'enfant qui se dresse et qui dit […] Je ne connaissais pas la beauté des colères / Je veux faire tomber ce vieux monde en poussière / L'avenir, l'avenir ne sera pas maudit […] J'avancerai parmi des millions d'hommes / Brisant les murs de ce siècle trop lourd / Croquant l'amour comme la rouge pomme.*

L'album sortit en mars 1969.

Je vous ai parlé plus haut des démêlés de Jean avec ce que l'on pouvait qualifier d'autocensure à l'ORTF, pour ne pas employer le mot censure à l'occasion de la chanson *Potemkine*. Début 69, cette respectable institution avait connu des moments difficiles. Contestée de l'extérieur par les artistes, et de l'intérieur par un grand nombre de ses journalistes qui s'étaient mis en grève, elle réagit avec une grande vigueur lorsque l'essence revint dans les pompes et que deux cents grévistes furent licenciés. Les affiches contestataires de mai avaient reproduit le sigle ORTF, bien connu à l'époque, en le couturant de fils barbelés du plus bel effet.

Or, à l'occasion de la sortie de son album, Jean Ferrat fut invité le 16 mars 1969, sur la deuxième chaîne, à *L'invité du Dimanche,* une émission de Claude Otzenberger qui avait confié le rôle de *l'invité* à Jean-Pierre Chabrol, lequel était chargé de composer le programme de l'émission avec des personnalités de son choix et de l'animer. Jean-Pierre Chabrol, merveilleux conteur des Cévennes, Résistant pendant la guerre aux côtés des FTP communistes, était devenu écrivain, dessinateur, journaliste sportif à *L'Humanité* et avait indiscutablement un certain rayonnement charismatique auprès de ses amis artistes ou écrivains. Je laisse la parole à Jean Ferrat lui-même pour raconter cette séance mémorable, tel qu'il le fit dans un article publié par *Les Lettres françaises*, le 29 mars 1969 :

J'ai pour la première fois de ma carrière participé à une émission de télévision en direct sans avoir l'impression de « faire » de la télévision. Il y avait là entre autres, Brassens[2]*,*

2. Georges Brassens n'avait voulu participer à aucune des actions revendicatives de mai 68, mettant en avant ses idées anarchistes.

Lemarque, Brel, le Pasteur Gosselin, Choury l'historien de la Commune, Monique Morelli, Sébastien Marotto et Arthur London dont je venais de lire le livre L'Aveu. Le sourire d'Arthur London, son rayonnement, cette espérance subsistant malgré l'atroce expérience vécue en fait, comme dit Chabrol, une sorte de héros tragique moderne qui m'a terriblement impressionné.

Les trois heures d'émission, je ne les ai pas vues passer. Quand nous n'étions pas sur l'antenne, nous discutions entre nous, tous gens de bonne foi, je crois, essayant de comprendre le monde qui nous entoure.

Il y eut ce conseiller général du Gard,[3] *ancien mineur, déclarant en souriant que la Résistance avait été principalement le fait des ouvriers et des paysans ; il y eut la passionnante intervention de Francis Lemarque récitant un chœur parlé de Prévert, qu'il disait avec ses copains amateurs, dans les bals publics entre 1932 et 1936, profitant d'une pause de l'orchestre ; il y eut mon dialogue avec Georges Brassens au sujet de nos positions respectives : il chante le Pluriel (dès qu'on est plus de quatre, on n'est qu'une bande de c...) et je lui réponds dans En groupe, en ligue, en procession : On a l'intelligence bête / Je n'ai qu'une consolation / C'est qu'on peut être seul et c... / et que dans ce cas : on le reste.*

Confrontation amicale dont j'ai l'enregistrement, et au cours de laquelle je n'appelais pas le peuple à prendre les armes, grand Dieu ! Mais où je disais simplement que si la démarche individuelle était extrêmement importante, et même capitale, elle n'était vraiment efficace que collective ; et j'ajoutais : « En gros dans notre société actuelle, il y

3. Fernand Corbier

a des exploiteurs et des exploités ; je suis du côté des exploités, bien entendu. »

Après cette intervention, le Directeur de la télévision faisait savoir à Chabrol, qui menait les débats : « Que Ferrat chante, soit, mais qu'il ne parle plus ! ».

À la fin, il déclarait aussi que c'était la dernière émission du producteur Otzenberger et de son équipe. Quatre jours après, les assistantes de différents producteurs me téléphonaient : toutes les émissions que j'avais en prévision m'étaient interdites et la séquence que j'avais tournée pour « Quatre temps » de Michèle Arnaud était purement et simplement supprimée, malgré les protestations de la productrice. Nous avions aussi la preuve du renvoi de Claude Otzenberger et de Jean-Pierre Chabrol.

Je ferai grâce au lecteur de toutes les pitoyables tentatives d'explication de M. François,[4] directeur de la télévision, pour essayer de justifier dans la presse cette mesure prise un peu rapidement et qu'il ne m'a d'ailleurs jamais notifiée officiellement, et pour cause ! Cela va de : « On voit trop de Jean Ferrat à la télévision » à « Pas de matraquage commercial pour la sortie d'un disque », toutes affirmations prêtant à rire, étant donné que depuis un an, je n'étais apparu qu'une fois sur « les étranges lucarnes »... Je crois que cette fois-là devait être encore de trop pour M. François !

Au-delà de mes difficultés actuelles, je repense tout à coup à toutes celles passées. À toutes les chansons que je n'ai jamais pu chanter à la télévision. À ce souci constant quand je réponds à des interviews de faire en sorte que mes propos soient suffisamment clairs sans qu'on puisse me

4. André François

les censurer. C'est le jeu du chat et de la souris. Je ne crois pas que les gens se rendent bien compte de la réalité des choses, à savoir que toutes les émissions enregistrées sont visionnées par la direction, qu'on demande les titres et les textes des chansons interprétées. […]

Je me souviens de ce soir de l'année dernière, cette fois dans une émission radiodiffusée en direct et en public, où l'on me pria de ne pas chanter Cuba si *parce qu'il y avait, paraît-il, l'ambassadeur américain dans la salle,* Federico Garcia Lorca *parce qu'il y avait l'ambassadeur d'Espagne,* Pauvre Boris *parce que peut-être… je ne sais pas, mon propos aurait pu faire de la peine à quelque militaire de haut grade,* Le Sabre et le Goupillon *sans doute pour les mêmes raisons, etc.*

Et alors tout d'un coup, je m'imagine, moi, Jean Ferrat inconnu, voulant chanter les chansons que j'écris à l'heure actuelle et tentant de me faire connaître…Et je suis bien obligé de constater et de vous dire qu'il existe actuellement beaucoup de Jean Ferrat en France qui sont réduits au silence.

Cette année-là, *La Colombe* avait repris sa vitesse de croisière. La fermeture du printemps avait ajouté 1 million supplémentaire à notre dette presque remboursée, mais notre clientèle s'était étendue. Depuis trois ans, nous n'avions plus affaire à des amateurs de chansons, mais de petits plats raffinés. Beleine se débrouillait à merveille pour les préparer et les présenter.

On m'offrit de créer et de diriger à la Mouffe « La Maison pour tous de la rue Mouffetard », un service de diffusion de spectacles qui s'adresserait exclusivement à des maisons de jeunes ou à des foyers culturels à but non lucratif. J'acceptai. Je pris mes fonctions en octobre 69 et j'y restai quatre ans et demi. Chaque soir, je me retrouvais à *La Colombe* pour y recevoir les clients, prendre les commandes et faire leurs additions.

Dans mon service de la Mouffe, je vis défiler de nouveaux artistes en audition et eus l'occasion de découvrir de grands talents comme Douby, Bernard Lavilliers et Yvan Dautin, entre autres. Je pus établir jusqu'à cinq cents fiches de spectacles, mais ne réussissant pas à avoir des subventions pour m'aider dans ma tâche, je plafonnai à deux cents contrats en un an. J'étais également chargé de l'administration du vieux Théâtre Mouffetard et de l'organisation des programmations. J'eus l'occasion de revoir les anciens de *La Colombe*, de réussir à en placer quelques-uns dans les spectacles que l'on me demandait, et parfois, sur la scène même du vieux théâtre. Il n'était hélas pas question de demander à mon ami Jean Ferrat de s'y produire, le cachet que j'aurais pu lui obtenir aurait été bien trop maigre par rapport à la cote qu'il avait atteinte.

En ce qui le concerne, il préparait déjà son disque suivant pour la fin de l'année. La grande chanson la plus marquante qui assurait à Jean une possibilité de dire ce qu'il avait sur le cœur fut incontestablement *Camarade : C'est un joli nom Camarade / C'est un joli nom tu sais / Qui marie cerise et grenade [...] C'est un nom terrible Camarade / C'est un nom terrible à dire [...] Ce fut à cinq heures dans Prague / Que le mois d'août s'obscurcit ...*

Cette chanson, qui aurait pu marquer une rupture auprès des communistes français, fut au contraire appréciée par ceux qui partageaient ses idées, mais qui n'auraient pas osé le dire. C'est encore une preuve de la droiture de Jean Ferrat et de sa volonté de rester libre.

Dans *Tout ce que j'aime*, dont le texte lui a été donné par Philippe Pauletto, Jean réalise, au premier couplet, l'inventaire des choses simples et banales qui rendent la vie agréable : *Tout ce que j'aime au creux des mains*, et précise des rêves plus élaborés au deuxième : *Combat d'hier, combats toujours recommencés / Premier cri de la vie graine de l'avenir / Rêves réels qui vont fleurir [...] Tout ce que j'aime mène à demain* / et consacre le dernier à l'amour : *Deux bras comme un grand livre ouvert / Une chanson contre l'oubli [...] Tout ce que j'aime t'appartient.*

La construction des couplets, avec sa décroissance du nombre de pieds à chaque vers, a dû donner à Jean un sacré travail pour sa mise en musique, tout à fait réussie et très lyrique.

Le seul poème de Louis Aragon que Jean ait adopté dans ce disque traite de l'insaisissable, que ce soit de cet amour qui nous a quittés, *d'un chant qui s'envola,* d'un parfum de lilas *qui se prolonge,* alors qu'*en moi rien ne dure / Que ce que tu murmuras* et la chanson s'appelle *Les Lilas.* C'est une délicate chanson.

Les Demoiselles de magasin correspondent au goût de Jean pour les descriptions caricaturales de certains personnages qu'il a pu croiser comme *Les filles longues* décrites plus haut. J'évoquais Chiraz pour ces dernières ; *Les Demoiselles de magasin* m'évoqueraient plutôt Claire Brétecher. Jean a écrit le texte et la musique. Pour la suivante également, c'est toujours dans la caricature que Jean nous dépeint un personnage rural, jovial et haut en couleur, son ami de parties de boules à Antraigues qu'il nomme *Sacré Félicien : Sacré Félicien / Tu mérites bien / La cloche d'airain / Sacré Félicien.*

Ne plaisantant plus, Jean nous présente une chanson dont la chute est terrible. C'est la guerre au Vietnam, et les Américains sont très critiqués en Europe. Elle s'intitule *Dix-sept ans* et raconte l'histoire d'une belle et fraîche jeune fille : *[...] Rien ne la distinguait des filles de ce temps [...] Nulle ombre ne voilait son regard enfantin / Nul regret ne faisait palpiter sa poitrine / Elle avait au combat de sa main douce et fine / Tué dix Américains.*

Dans *La Cavale,* Jean, toujours en paroles et en musique, se met dans la peau d'un condamné à perpétuité, qui rêve à ce qu'autrefois, on appelait *La Belle* et qu'il appelle ici *La Cavale (avec des couleurs de pâquerette, de petite fleur qui met les voiles).* Il en fait un pamphlet contre la société, un plaidoyer contre l'aliénation de ceux qui n'ont pas pu se sortir d'une vie moche, sans horizon *avec ses requins, ses poulets, avec ses banquiers, ses valets, et leurs discours sur la morale*.

Toujours dans une révolte rentrée, *Intox* décrit une intoxication à la télévision où la speakerine sert d'*héroïne*, les changements de chaîne *de kif,* le programme télé de *CDR* qui l'envoie en l'air, le présidou de *LSD : Je vois des chauves-souris roses, / Je suis sûr d'avoir ma dose / Intox intox intoxiqué / Opium opium télévisé.*

Mon bel amour est une chanson d'amour qui dépeint les inquiétudes constantes de la passion grâce à l'emploi des adjectifs qualificatifs tels que *grave, jeu, sage, flamme, feu, femme, Dieu, fête, deuil, chouette, songe, veille, ronge, émerveille : Rien qu'à ta paupière cette ombre / Et me voilà chiffre sans nombre / Et comme un noyau sans le fruit.*

Le texte de la dernière chanson du disque *Y aurait-il ?* est écrite par l'ami Pierre Louki, un des chanteurs de *La Colombe* lui aussi. Il la chantera lui-même en 2004. Le thème est une question que pose un amoureux à sa belle : comment seraient la vie et le monde qui nous entourent *si tu n'étais toi* ? Pierre a toujours, dans ses chansons, une manière très originale de traiter son propos.

1970 est une année où les yé-yé atteignent leur maximum d'intensité et de célébrité, peut-être aussi leur chant du cygne. Seule grosse vedette dans cette mouvance, Johnny Hallyday passe dans des grandes salles comme le palais des Sports où nulle autre vedette ne se risque.

C'est alors que Jean Ferrat, stimulé par Gérard Meys, décide de tenter le coup comme s'il s'agissait d'un pari banal. Il va louer pour douze soirées cette salle affolante. Les détracteurs et les censeurs de Jean ricanent : « Il va y perdre jusqu'à sa chemise ! Que peut-il faire sans le soutien de la télévision ? Il prend le Palais pour un cabaret ma parole ! Même ses amis trouvent qu'il risque gros. Je me souviens lui avoir dit : *tu es gonflé ! Tu sais que c'est une salle de cinq mille places !* Il m'a souri, avec cette même tranquillité qu'il affichait à *La Colombe* lorsque je lui donnais des conseils.

Gérard et Jean s'associent comme producteurs, la première partie donne une place à la danse avec les ballets de Victor Upshaw, chorégraphe noir, au jazz avec Guitars Unlimited, au classique avec Les Musiciens de Paris - la violoniste est Catherine Lara -, à la musique cubaine avec Los Papines, et aux negro spirituals avec Le Golden Gate

Quartet. Malade de trac, Christine Sèvres chantait six chansons à la fin de la première partie. Pour la première fois, elle se produisait sur la même scène que son mari.

Lorsque Jean est entré en scène en deuxième partie, j'étais plein d'angoisse. J'avoue qu'il m'a eu. Jamais je ne l'avais vu aussi à l'aise. Élégant dans son costume clair, moustaches au vent, il bougeait bien, souriait, dansait même parfois. Il chanta comme prévu ses quinze chansons, mais fit, ces soirs-là, un cadeau aux spectateurs. Sans être sorti de scène à la fin de la quinzième, il s'adressa au public en ces termes : *ceux qui me connaissent parmi vous savent que je ne fais jamais de rappel. Comme je ne voudrais pas que vous soyez déçus, je vais vous chanter maintenant ma dernière chanson. Libre à vous de la considérer comme un rappel.*

Lors des douze représentations, il fit un triomphe en interprétant ses seize chansons.

Gérard et Jean avaient bien géré leur organisation en vendant les places le moins chères possible, ce qui permit de remplir la salle douze soirs de suite. À l'extérieur, des cars étaient venus de tous les coins de l'Hexagone. Le planning avait été méticuleusement préparé pour que les arrivées massives, le plus souvent organisées à l'aide des associations communistes, soient réservées d'avance, en les étalant sur les douze soirées.

La presse salua sa performance.

Il préparait déjà son septième album Barclay. La chanson phare en était *La Commune,* officialisée depuis, chaque fois que l'on évoque cet épisode sanglant de l'histoire de Paris, ce soulèvement populaire réprimé par le président Thiers, qui perdit alors le bénéfice historique qu'il avait pu acquérir en obtenant la laïcité dans les écoles publiques. Dans l'imaginaire populaire, cette chanson a aujourd'hui rejoint *L'Internationale* d'Eugène Pottier et *Le temps des cerises* de Jean-Baptiste Clément. Les paroles de *La Commune* sont de Georges Coulonges, ce fidèle ami de Jean : *Il y cent ans commun commune / Comme un espoir mis en chantier / Ils se levèrent pour la Commune / En écoutant chanter Potier / Il y cent ans commun commune / Comme une étoile au firmament / Ils faisaient vivre la Commune / En écoutant chanter Clément.*

Les deux derniers vers deviennent au dernier refrain : *Ils s'éteignaient pour la Commune / Écoute bien chanter Clément.*

Il est à se demander si cette chanson aurait eu un tel impact sans la musique de Jean qui semble d'une évidence parfaite. De plus, elle sortit pour le centième anniversaire de la Commune.

Très grande chanson également que celle tirée par Jean d'un recueil d'Aragon, *Aimer à perdre la raison*. Adaptée très librement par Jean, elle devient une des plus belles chansons d'amour qui soient : *Aimer à perdre la raison / Aimer à n'en savoir que dire / À n'avoir que toi d'horizon / Et ne connaître de saisons / Que par la douleur du partir…*

Suivent cinq chansons intégralement de Ferrat dont sa propre chanson d'amour dans un style encore une fois très aragonien, sur la base d'un refrain on ne peut plus simple qui donne le titre *Je vous aime* : *Pour ce rien cet impondérable / Qui fait qu'on croit à l'incroyable / Au premier regard échangé / Pour cet instant de trouble étrange / Où l'on entend rire les anges / Avant même de se toucher […] Je vous aime…* Il se dégage des vers et de la musique une très grande sensualité, notamment dans le passage où l'on frôle une robe et un châle quittant les épaules.

État d'âme décrit les états d'âme d'un bourreau qui n'a pas le cœur à l'ouvrage parce qu'il n'est pas un bourreau... de travail. Va pour la face humoristique de l'œuvre de Jean.

Comprendre, avec une belle écriture poétique, parle de l'apprentissage d'un couple, de son initiation à la vie qui nous entoure, chacun apprenant à l'autre afin de conjuguer leurs connaissances : *Comprendre / La fleur et le fruit / Comprendre / Ce qui nous unit...*

Mis à part se moque de la révolution sexuelle qui provoque une désaffection du mariage – *Mis à part pour les curés* – de l'évolution de la mode qui habille trop les filles - *Mis à part pour les curés* – de la dénatalité - Mis à part pour les curés qui voudraient engendrer – des régimes *macrobiotiques* et de la foi qui se perd – *Mis à part pour les curés...* Une bonne petite dose d'anticléricalisme.

Et dans *Les Touristes partis*, Jean s'inspire manifestement de ce qu'il voit à Antraigues, lorsque la saison touristique est passée. C'est une description de la vie familière qui reprend son train-train quand *Le coin des cheminées s'imprègne du parfum des longues veillées.*

Les autres chansons de l'album sont composées par Jean, sur des textes de Michelle Senlis, de Philippe Pauletto et de Henri Gougaud.

Michelle Senlis, déjà auteure des *Nomades*, revient sur le thème en déplorant la disparition des *derniers Tziganes : Le ciel se fait lourd, les roses se fanent / Nous vivons le temps des derniers Tziganes [...] Et la liberté / Femme de gitan / Tombe poignardée / Sous l'effet du temps...*

Philippe Pauletto qui, en 69, avait déjà donné à Jean *Tout ce que j'aime,* lui propose cette fois *Et pour l'exemple*. La chanson se présente comme une énigme : *On l'a cloué / Et sa misère / Sur un mur blanc au grand soleil / Un clou au cœur / Et pour l'exemple / Il a saigné sur le soleil.* S'agit-il d'un mutin de la guerre de 14 fusillé pour l'exemple ?

Henri Gougaud a confié à Jean *L'adresse du bonheur,* chanson un peu désespérée dans laquelle à la sortie d'un rêve, on se retrouve dans une triste réalité. Le refrain lancinant implore : *Dis-moi l'adresse du bonheur.* Le rêve revient d'un *là-bas tellement loin qu'on dirait le futur* et la fin redonne de l'espoir : *L'enfant-fraternité dans les rues sans vitrines / Court tout illuminé d'un rire de corail...* L'enfant donnera-t-il l'adresse du bonheur ?

La deuxième chanson de Gougaud, *J'imagine,* ne questionne plus ; elle imagine : *[...] Une révolution sans un mot, sans un geste / Et la grande liberté / Au poing la rose / Et la grande liberté / La rose au poing [...] L'Occident sans ghettos, le Brésil sans torture / Et l'Afrique riant comme source d'eau pure [...] Le soleil se levant sur l'Asie douce et libre / La vie enfin la vie comme il faudra la vivre...*

L'album de onze chansons sortit en février 71, et Gérard Meys publia en novembre « *FERRAT chante ARAGON* », un huitième album où il regroupa dix chansons de Louis Aragon par Jean : *J'entends, j'entends – Les Poètes – Au bout de mon âge – C'est si peu dire que je t'aime – Heureux celui qui meurt d'aimer – Robert le Diable – Que serais-je sans toi – Nous dormirons ensemble – Le Malheur d'aimer* et *Un jour, un jour.* Jean les a déjà toutes enregistrées et publiées dans différents albums sauf *Robert le diable*, que seule Christine Sèvres avait déjà enregistrée, comme on l'a vu, quatre ans plus tôt. Aragon y rendait hommage à son ancien camarade de l'école surréaliste qui avait été déporté et qui était mort de ses blessures, en 1945.

Sans aucun battage publicitaire, 100 millions d'exemplaires de ce disque partirent en quelques mois, et ce chiffre a plus que doublé aujourd'hui.

Malgré ses enregistrements, Jean n'a pratiquement pas arrêté de faire des tournées en 1970 et 1971. Je ne l'ai presque pas vu pendant cette période, sauf lorsque nous avons, Beleine et moi, réussi à lui rembourser le solde de ce que nous lui devions encore depuis 1964.

Deux ans auparavant, nous lui avions demandé si cela ne l'ennuyait pas qu'il soit le dernier de nos créanciers. Il nous avait rassurés en nous donnant *le temps que nous voulions.* Nous avons donc terminé d'épurer nos dettes avec la banque et avec nos amis dont Guy Béart, et il ne restait plus que ce que nous lui devions, grâce au remarquable travail de Beleine, devenue chef homologuée.

À cette occasion, nous l'avons invité avec Christine à faire un bon gueuleton à *La Colombe.* Nous nous sommes aperçus que Jean, pendant ses tournées en province, avait dû fréquenter quelques bonnes tables, car il fit honneur aux plats les plus raffinés que Beleine lui avait préparés. Nous l'avons félicité de cette initiation à la gastronomie qu'il avait faite avec retenue puisqu'il *n'était pas devenu gros*, comme il l'avait craint dans une de ses chansons. Nous retrouvions chez lui le Ferrat de ses débuts, certes un peu moins en retrait, mais sans aucune prétention ostentatoire. Christine et lui nous parlèrent de leur paradis ardéchois en se plaignant de n'y passer que si peu de temps. Ils avaient conservé dans un immeuble d'Ivry un appartement plus grand que leur premier, mais implanté comme lui, dans une zone non résidentielle.

Jean s'en servait comme pied-à-terre, chaque fois qu'il était en période d'enregistrement ou lorsque ses tournées se faisaient en région parisienne. Fin 71, il préparait déjà un nouvel album dans lequel il révélera un auteur Guy Thomas. D'origine belge, auteur de quelques recueils de poésie, ce dernier avait chanté en tant qu'auteur-compositeur et travaillé avec Cavanna à *Hara-kiri* et *Charlie Hebdo*. Pour cette première collaboration, Jean lui prit le texte de *La Leçon buissonnière,* savoureuse histoire d'un professeur désabusé qui *enseigne aux petits merdeux / Les théories philosophiques [...]* Pour finir ainsi : *Et que j'deviens vieillard hideux / Batelier de la rhétorique / En aidant les petits merdeux / À rester des enfants d'bourriques.*

La fidèle Michelle Senlis fournit à Jean les textes de deux chansons : *À moi l'Afrique* et *À l'ombre bleue du figuier.* La première exalte avec talent tous les clichés habituels sur l'Afrique : *Tu te reprends à rêver / Tous tes livres, ils étaient vrais [...] À moi, à moi, à moi l'Afrique / Tout redevient neuf et beau / Mon âme marche en sabots / Mes bras s'ouvriront demain / L'avenir n'est pas si loin...*

La deuxième *À l'ombre bleue du figuier*, est une chanson nostalgique, *les étés sont passés ;* on y passe en revue les enthousiasmes de la jeunesse, les espoirs, les chansons, pour conclure : *On dira qui était-il / Me jetant des roses-thé / Moi je dormirai tranquille / Heureux d'avoir pu chanter.* Une chanson pleine de sagesse qui allait à Ferrat comme un gant.

Bel hommage à Picasso que celui d'Henri Gougaud en donnant à Jean, le texte *Picasso Colombe : Il était un homme-oiseau / Qui cueillit le monde rond [...] Il était un homme enfin / Prit le fruit et le croqua / Prit l'oiseau, le fit humain [...] Prit la cage et la brisa / Sur la porte du futur / Picasso colombe au laurier / Fit Guernica la mort aux cornes...*

Toujours de Gougaud, les paroles de *Paris an 2000.* On s'aperçoit que le temps a passé depuis le *Regarde-toi Paname* des débuts de Jean.

Les vieilles Halles de Paris ont été détruites, on y a reconstruit des cages, d'où le titre de la chanson : *Des cages s'ouvrent sur des cages / Il y a dans l'air comme un naufrage / Un cœur quelque part ne bat plus / Paris [...] Nous ne vous tendrons plus la main / André Breton Apollinaire / Poètes de la vie-lumière / Paris magique s'est éteint...*

Cinq chansons intégralement de Jean complètent son neuvième album Barclay. La première s'intitule *Une Femme honnête n'a pas de plaisir.* Cette chanson redonne, d'une façon humoristique, les recommandations faites aux femmes du début du XXe siècle, recommandations qui heureusement, depuis sa libération, n'ont plus cours et moins encore depuis ces dernières années où l'orgasme est reconnu comme indispensable au bon équilibre hormonal et mental de celle-ci. Elle nous rappelle cependant que certaines de nos grands-mères ou de nos arrières grands-mères ont connu ces règles que l'on pourrait qualifier d'espèces de *burqas* mentales.

Le deuxième titre, *Si j'étais peintre ou maçon*, est une véritable provocation que Jean adresse ici à ceux qui appartiennent à la classe aisée de la société, ou plutôt à ceux qui ne peuvent supporter de le voir maintenant gagner beaucoup d'argent, tout en continuant à parler de révolution et à vouloir abolir le système inégalitaire de notre société : *Vous avez peur d'une chanson / Peur de l'avenir / Vous manquez d'imagination / Jusqu'à en mourir [...] Vous ne m'aurez pas quand même / Être fidèle à moi-même / Reste ma seule ambition / Avec ou sans vos millions.*

On ne peut qu'admirer le courage de Jean d'avoir chanté une telle profession de foi.

Le troisième titre, intitulé *Les saisons*, est une chanson reposante où Jean, une fois de plus, manifeste son admiration pour la nature et pour l'amour : *Je serai l'automne à tes pieds / Tu seras l'été à ma bouche / L'hiver aux doigts bleus qui se couche / Nous serons printemps fous à lier.*

Il termine en beauté avec *Hou hou méfions-nous,* une satire des policiers, qui, en mai 68, s'infiltraient parmi les manifestants pour les amener à casser des vitrines, afin de permettre de justifier la répression policière. Le refrain est pratiquement le même que le slogan des manifestants : *Hou hou méfions-nous, les flics sont partout...*

Le dernier titre s'intitule *Ils volent, volent, volent*. En jouant sur le double sens du verbe *voler,* Jean se penche sur la misère des petits Brésiliens qui volent parce qu'ils ont faim. Leurs doigts de joueurs de guitare volent sur des bossas-novas. Les petits joueurs de football de l'Amérique aux pieds nus volent : *Ils volent, volent les espoirs / Des petits joueurs de football / Des petits joueurs de guitare / Ils volent, volent dans les rues / En incarnant les symboles / De l'Amérique aux pieds nus / De l'Amérique aux mains nues.*

Et les tournées continuèrent en 1972, avant même que le disque ne sorte, au mois de mars. Jean était très fatigué, lassé de cet éternel recommencement. Il n'avait envie que d'une chose, retrouver le *Palais des Sports* où il s'était senti si bien. Gérard et lui réservèrent la salle pour vingt-deux soirs, à partir du 6 octobre. Jean décida que ce serait sa soirée d'adieu à la scène, tout au moins en ce qui concernait Paris, car il avait encore une tournée prévue en province, en 1973.

Auparavant, il tint à enregistrer un super 45 tours de quatre titres qu'il était en train de fignoler. *Mon Palais* lui tenait particulièrement à cœur. Ces cinq mille spectateurs, qui lui firent deux ans plus tôt, un magnifique accueil, il n'était pas près de les oublier : *[…] Mon Palais / Ce n'est pas un Palais comme les autres […] Quatre planches, une estrade / Et la foule assemblée […] Cette complicité qui fait qu'on se connaît sans être présenté […] Mon Palais / Des sports et des cœurs, ma découverte…*

Caserne et *Le petit trou pas cher* furent fournis par l'auteur « nouvelle recrue » de Jean, Guy Thomas, le donneur de leçons buissonnières. Vous avez deviné que la première n'est pas un éloge à l'armée : *Ici tout est réglementaire / Pas un caillou n'est de travers / Murs en béton, chevaux de frise / Y' a que les barbelés qui frisent […] Je reste à toi, ma solitude / Dans le troupeau des habitudes […] Et pas une herbe dans la cour / Pour nous passer le mal d'amour…*

La deuxième se passe de commentaires *: […] C'est au trou qu'on se retrouve / Ceux qu'en ont pis qui les couvent / Et ceux qu'en n'ont pas un brin / Le riche et le purotin / C'est la crèche désirée / C'est le clou de la soirée / C'est le clou…* Inutile d'en dire plus. On voit de quoi il s'agit.

La dernière chanson du super était de Jean à part entière, enfin presque, puisqu'il avait emprunté une partie de son refrain à *La Boldoflorine, la bonne tisane pour le foie*, une publicité que les moins de soixante ans ne peuvent pas connaître. Il en a fait *La Boldochévique, la bonne tisane du bourgeois.* C'est en quelque sorte une chanson-remède pour tous ceux qui craignent les paysans bretons, les viticulteurs, les commerçants en colère, les ouvriers en grève, les fonctionnaires, les étudiants, les professeurs et même parfois les policiers, les syndicats et les manifestations. Ils ont simplement besoin d'un changement de régime et la Boldochévique les guérira.

Ce super 45 tours sortit en septembre. Le 26 septembre, Jacques Chancel reçut Jean dans *Radioscopie.*

La première partie du spectacle de Ferrat au Palais des Sports fut marquée par un événement important : le retour de l'auteur-compositeur Francis Lemarque. Avec les bouleversements du métier, il avait été peu à peu évincé des scènes, alors qu'une partie importante du public connaissait encore ses chansons et aimait sa simplicité débonnaire. Jean Ferrat avait demandé à Henri Gougaud de concevoir toute la première partie sous forme d'une comédie musicale *Les Tout gris* et aux côtés des *Troubadours,* Francis y chantait six chansons, dont plusieurs étaient sur des musiques de Jean. Christine Sèvres décida, le soir de la première, de faire comme Jean : elle arrêterait de chanter[5].

5. Comme raison de sa décision, elle racontait que Brassens lui avait dit : « *Tu te fais du mouron chaque fois que tu chantes, ton bonhomme est une vedette, pourquoi tu ne t'arrêtes pas, tu peux sans soucis te mettre les doigts de pied en éventail... Tu pourras dormir tranquille !* » (Propos rapportés par Mireille Rivat.)

Henri Gougaud avait écrit *La Prière du Vieux Paris* sur une musique d'Alain Goraguer pour Jean Ferrat qui la chantait en voix off.

Toute la première partie fut enregistrée sur un 30 cm sous le label Meys distribution Barclay, disque qui est à ce jour, je crois, épuisé. C'était un spectacle « lourd », en ce sens qu'il a nécessité plus d'une soixantaine de personnes. Jacques Boyer était chargé de la régie, aidé par la chanteuse Mireille Rivat. Le décor et les costumes avaient été créés pour la circonstance, ainsi qu'un écran rond sur lequel étaient projetées des peintures de Jacques Noël. Le prix des places était d'ailleurs calculé d'avance, pour qu'en vingt-quatre représentations, tous frais payés, il ne reste aucun bénéfice pour Gérard et Jean. Le thème développé par Henri Gougaud était celui de *La ville moderne polluée, empoisonnée,* une ville sans oiseaux, peuplée d'habitants aigris, « Les tout gris *», battus, transis, résignés, mal payés*, joués par des comédiens et des comédiennes parmi lesquelles Diane Kurys. Les danseurs masqués des ballets d'Anne Béranger portaient d'énormes masques représentant des immeubles en béton. Un vieil ami de Jean, Guy Lauzin, avait assuré la mise en scène et Alain Goraguer, la direction musicale.

Pour la seconde partie, Jean Ferrat avait choisi les chansons les plus engagées de ses derniers disques, ajoutées à quelques-uns de ses anciens succès. Pour la première fois, ses camarades de travail s'aperçurent qu'il éprouvait une certaine fatigue respiratoire. Seuls ceux qui le connaissaient l'avaient constaté. Il ne s'est jamais plaint de quoi que ce soit, mais pendant les répétitions, il éprouvait le besoin de s'allonger entre deux réglages. Nul ne put dans la salle, lui attribuer la moindre défaillance. Il semblait être au mieux de sa forme. Auprès du public, venu pour la plupart comme deux ans auparavant en car, il remporta un énorme succès. Pour la presse, ce fut plus mitigé. Il était facile pour la presse de droite de dire qu'il chantait pour un public acquis d'avance à ses convictions, et parler des cars de militants devant le *palais des Sports*. Dans la presse de gauche, on put sentir quelques réserves sur ses idées. On savait qu'elles étaient toujours fidèles au parti communiste, alors qu'il avait désavoué ce qui constituait pour beaucoup, l'ossature idéologique de ce parti.

Claude Fléouter, dans *Le Monde*, qualifia le spectacle de *réussite complète.*

Comme prévu, une tournée de trois mois en province, puis des galas d'été, arrêtés plus d'un an à l'avance, firent qu'il ne quittera vraiment la scène qu'en juillet 1973. Il ne réalisa aucune séance en studio cette année-là. Christine Sèvres se consacra alors exclusivement à la peinture, exposant ses œuvres dans quelques galeries durant les années qui suivirent. Jean pêchait la truite dans son torrent, jardinait, jouait aux boules, recevait des amis, jouait au poker. Il avait retrouvé *le temps de vivre*, comme disait notre ami commun Georges Moustaki.

Jean Ferrat
tout simplement

Le Bureau

Fredo la Nature

La femme est l'avenir de l'homme

Quand on n'interdira plus mes chansons

Que serais-je sans toi

Ta chanson

Ma Môme

On ne voit pas le temps passer

Comptine pour Clémentine ...

© KEYSTON

À Santiago de Cuba

Regarde-toi Paname

Le Fantôme de la télévision

Oural Ouralou

Je vous aime

Tu aurais pu vivre encore un peu…

Chapitre VI

Le temps de vivre

Pendant deux ans, Jean se contenta de noter des idées de chansons. Il n'avait jamais parlé de renoncer à en écrire. Moi, sans m'en rendre compte, je m'étais habitué à recevoir chaque année un nouvel album, et j'avoue qu'à partir de la deuxième année, j'ai maudit chez lui ce que je prenais pour de la fainéantise. Il ne venait plus à Ivry. On ne se voyait plus.

En 1974, Francesca Solleville avait enregistré trois chansons qu'il avait mises en musique sur des textes de Georges Coulonges pour *Le nouveau monde,* de Henry Gougaud pour *Le plus beau de moi* et de Guy Thomas pour *Adultère.*

Quant à Gérard Meys, il préparait le premier album qui devait sortir en 1975, sous le label discographique Temey (obtenu en accolant leurs deux noms Tenenbaum et Meys), les officialisant tous deux comme coproducteurs à parts égales. Barclay continuera à assurer la distribution.

Une fois de plus, une chanson phare, *La femme est l'avenir de l'homme*, en assurera le succès. Jean s'inspire d'Aragon et sa voix n'a rien perdu de son lyrisme : *Le poète a toujours raison / Qui voit plus haut que l'horizon / Et le futur est son royaume / Face à notre génération / Je déclare avec Aragon / La femme est l'avenir de l'homme…*

Une chanson d'une brûlante actualité…

Juste un an avant la sortie du disque, Simone Veil, alors ministre de la Santé sous la présidence de Giscard d'Estaing, venait de faire voter la loi sur l'interruption volontaire de grossesse.

Le Bruit des Bottes est un texte de Guy Thomas, qui crie bien fort son antifascisme à une époque où la junte militaire de Pinochet renverse le gouvernement d'Unité Populaire et tue son Président, Salvador Allende. C'est un vigoureux pamphlet antitorture et antiraciste, mais aussi une dénonciation – rare à l'époque – de l'homophobie : *C'est partout le bruit des bottes / C'est partout l'ordre en kaki [...] Il se peut qu'on me fusille [...] Pour avoir joué aux billes / Avec un petit hébreu [...] Pour avoir donné du pèze / Au petit nord africain [...] À moins qu'ils ne me condamnent / À mourir écartelé / Entre l'amour de Roxane / Et celui du beau Dédé.*

Dans une autre chanson, toujours pamphlétaire, intitulée *Berceuse pour un petit loupiot,* Guy Thomas s'en prend, cette fois, aux grosses marques publicitaires : *Fais dodo Colas mon petit frère / Fais dodo mon petit loupiot [...] Tu devrais rire aux anges / Avec ton lange enfariné / Pour engraisser Monsieur Morhange...* Et la chanson continue sur le même principe avec Monsieur Guigoz, Monsieur Blédine, Monsieur Hachette, Monsieur Peugeot, Monsieur Esso, Monsieur La Hutte, Monsieur Douglas et Monsieur Dassault.

Autre texte de ce polisson de Guy Thomas, *Le singe*, sur une musique amusante de Jean Ferrat. Il fait parler le singe, de sa vie au jardin d'acclimatation : *C'est fou ce que je m'acclimate / Au jardin d'acclimatation / Où l'on conserve les primates / En bon état de conservation.* Bien nourri, bien soigné, bien distrait, tout irait bien pour lui, si on n'avait pas l'idée saugrenue de lui amener une guenon qui n'a rien d'érotique et il se plaint, car : *L'amour c'est pas d'la gymnastique / C'est pas prenez la position / C'est la liberté frénétique / Ça fleurit pas dans les prisons.*

L'histoire ne dit pas ce qu'en pensent les détenus de Fleury-Mérogis.

Dans le silence de la ville, est un texte de Louis Aragon, assez rare dans sa production, comme le serait une aquarelle ou un léger pastel, au milieu de riches peintures. C'est une simple description d'un instant, d'un paysage qu'il ne faut pas troubler : *Ne bouge pas, c'est si fragile / Si précaire, si hasardeux / Cet instant d'ombre pour nous deux / Dans le silence de la ville.*

Pierre Grosz est un auteur important pour de nombreux chanteurs. Il n'avait encore jamais collaboré avec Jean Ferrat, lorsqu'il lui proposa une délicate chanson, intitulée *Je meurs : Je meurs d'une petite fièvre / Avec un prénom sur mes lèvres / Et quelques souvenirs heureux / Quelque part au fond de mes yeux / Je m'en vais comme je suis venu / Un peu plus calme, un peu moins nu / Je pars en voyage vers la terre / Qui peut m'expliquer ce mystère…*

Henri Gougaud contribua également à l'album en préparation avec une chanson pleine de bonheur, *Mon chant est un ruisseau*, dans une utopie enfin réalisée : *Quand le monde sera une étable comblée / Quand les guerres seront finies / Alors buvez mon chant comme du thé au lait / Dans des tasses myosotis / Vous, affamés d'hier, ombres maigres et dures / Mon chant est un ruisseau, mon chant est une mûre…*

Henri Gougaud a adapté ce texte à partir d'un poème de Vitezslav Nezval, poète, écrivain et traducteur tchèque. Un artiste surréaliste fondateur du *poétisme* tchèque.

Les trois autres chansons sont intégralement de Jean Ferrat. La première s'intitule *Un jeune.* Autrefois, cette chanson aurait été attribuée à un chansonnier plus qu'à un artiste de tour de chant. Mais Jean nous a habitués à des textes très politisés. Les trois refrains donnent le ton polémiste de la chanson : *Mais dites-moi, mais dites-moi / À quoi peut bien correspondre en notre temps / Un jeune / Un jeune Républicain indépendant [...] À quoi peut bien servir en notre temps [...] Ce qui peut justifier en notre temps / Un jeune Républicain indépendant...*

Rappelons que notre président d'alors s'appelait Valéry Giscard d'Estaing et qu'il avait créé le mouvement des Républicains indépendants.

Le Fantôme (de la télévision), est une charge avouée contre cette télévision qui a fait de Jean Ferrat, un fantôme des studios des Buttes Chaumont. Ne soyons donc pas étonnés de ne l'avoir jamais entendue sur nos chaînes nationales : *[...] Je suis un vieux spectre / Bien connu dans la maison / Je suis l'âme en peine / Qui secoue ses chaînes / Au studio des Buttes-Chaumont / L'onde est mon royaume / Je suis le fantôme / De la télévision...*

Un air de liberté, toujours de Jean, fit un bruit énorme. Avant d'en parler directement, je donne la parole à Alain Ruscio, historien et auteur d'une *Anthologie de chansons coloniales et exotiques françaises* : *... en avril 1975, la guerre du Vietnam s'achève enfin par la victoire des révolutionnaires. Le pays est ravagé ; de partout dans le monde monte un sentiment de soulagement. Et qu'écrit l'éditorialiste du* Figaro *Jean d'Ormesson ? Que malgré tout, il regrette l'air de liberté qui flottait auparavant sur Saigon. Drôle de liberté : le régime pro-américain* *pourchassait, emprisonnait jusque dans les cages à tigres de Poulo Condor, assassinait les opposants.*

Scandalisé par la désinvolture du gentleman de droite Jean d'Ormesson, le gentleman de gauche Jean Ferrat écrivit très rapidement cette chanson, dont le refrain sans équivoque annonce : *Ah Monsieur d'Ormesson / Vous osez déclarer / Qu'un air de liberté / Flottait sur Saigon / Avant que cette ville s'appelle Ho-Chi-Minh.*

Le premier couplet est tout aussi direct : *Les guerres du mensonge, les guerres coloniales / C'est vous et vos pareils qui en êtes tuteurs / Quand vous les approuviez à longueur de journal / Votre plume signait trente années de malheur [...] Et cent mille Français allaient mourir en vain* [...] *Oui, vous avez un peu de ce sang sur les mains...*

Jean n'hésite pas à évoquer Beaumarchais, le créateur du Figaro, qui doit se retourner dans sa tombe. Il y a cent ans, cette attaque se serait réglée au pré aux clercs, mais, de nos jours, Jean d'Ormesson demandera au président-directeur général d'Antenne 2, Marcel Jullian, de retirer la chanson de l'émission *Le Grand Échiquier*. Aussitôt, indignation dans la presse de gauche, surtout dans *L'Humanité*.

Le disque était sorti en octobre 1975. Lorsque l'émission de Jacques Chancel eut lieu le 14 novembre, Jean avait prévu de chanter *Un air de liberté.* Mis au courant, Jean d'Ormesson prévint le directeur de la chaîne qu'il engagerait des poursuites si elle était diffusée. On retira donc la chanson. En l'apprenant, une délégation des techniciens et des réalisateurs envahirent le plateau pour apporter leur soutien à Jean. Malgré leur intervention, la chanson ne passera pas, mais on accordera à Jean, la possibilité de faire une déclaration où il pourrait expliquer pourquoi.

Grâce à cette chanson, aux remous qu'elle a créés et grâce aussi à *La femme est l'avenir de l'homme,* le disque sorti en octobre 1975, s'est vendu en un mois, à cinq cent mille exemplaires.

Jean peut à nouveau goûter le calme ardéchois. En 1976, il réenregistra dix de ses premières chansons afin de les protéger d'une disparition possible. La bande enregistrée originale n'étant pas la propriété de Gérard et de Jean, si Decca décidait de la mettre au pilon, les chansons seraient perdues. Pour beaucoup d'artistes, le cas s'est présenté et lorsque qu'ils font un retour dans le métier, il ne leur reste aucune trace de leurs premiers succès. Saluons ici la sagesse de Gérard de n'avoir jamais laissé perdre aucune œuvre de Jean.

Les chansons ainsi réenregistrées sont : *Eh l'Amour ! – Ta chanson – Ma fille – Regarde-toi Paname – Le p'tit jardin – L'éloge du célibat – Les petits bistrots – Je ne puis vivre que de toi* – ainsi que trois autres dont nous n'avions pas parlé, car elles n'avaient figuré que sur des 45 tours simples, deux étant composées par Jean sur des textes de Claude Delécluse. La première *D'où que vienne l'accordéon* est une chanson à la gloire de l'accordéon à travers le monde et à travers les époques. La deuxième *Restera-t-il un chant d'oiseau ?* est une chanson prémonitoire parce qu'écrite avant que l'écologie ne soit à la mode et avant que Al Gore, Nicolas Hulot et Yann Arthus Bertrand ne nous préviennent des catastrophes qui nous attendent : *Pour les enfants des Temps nouveaux / Restera-t-il un chant d'oiseau ?*

Je savais que Jean avait une grande conscience de ces problèmes de survie de la planète, mais il n'en avait jamais vraiment traité dans ses chansons. Je suis heureux qu'il ait pu le faire grâce à Claude Delécluse.

La troisième chanson, de Jean Ferrat à part entière, est une très belle chanson d'amour intitulée *Je ne puis vivre que de toi : Comme à l'amour est l'eau fraîche / Quand tu me dis bois / Comme le sont à l'Ardèche / Ses landes, ses bois / Comme Marie dans la crèche / Attendait les rois / Je ne puis vivre / Je ne puis vivre que de toi.*

Le disque sortit en décembre 76, juste avant les fêtes.

En 1977, Jean ne sortit aucun enregistrement personnel, mais il fut invité en mars, par Michel Drucker, dans son émission télévisée « Les rendez-vous du dimanche ».

Pour Isabelle Aubret, il avait déjà mis en musique *Le goût de l'été, La Chanson des pipeaux, Je te connais déjà* et *Mais j'espère.* Il lui composa cette année-là, les musiques de *Les Moulins*, de Claude Delécluse et Michelle Senlis en 1966, et de *Elle avait mon âge* de Michelle Senlis en 1970. Puis il lui fit enregistrer trois chansons en 1977, *Guérir*, sur un texte de Maurice Fanon ainsi que *Le Diable au cœur et Si nous mourons*, sur lesquelles il réalisa les paroles et la musique.

De mon côté, j'avais démissionné en 1974 de mes fonctions d'animateur de mon service de diffusion et de mon poste d'administrateur du vieux théâtre Mouffetard, écœuré de n'avoir aucune subvention, et je consacrais un peu plus de temps à *La Colombe.* C'est à ce moment-là que Claude Chabrol me proposa un rôle dans *La Partie de Plaisir.* J'y jouais le rôle du meilleur ami du couple Paul et Danièle Gégauff qui se déchirait.

J'eus conscience que mon travail d'acteur n'était pas au top de ce que j'aurais voulu qu'il soit alors je m'inscrivis, dès le film terminé, au stage d'Andréas Voutsinas que Lee Strasberg avait envoyé en France afin d'y enseigner *La Méthode* de l'*Actors' Studio.* Le stage se déroulant l'après-midi, je continuais à m'occuper de *La Colombe* le soir et de sa gestion le matin.

Je fis bientôt partie du *Théâtre des Cinquante* qu'animait Andréas et je trouvai dans les années qui suivirent divers engagements au cinéma et au théâtre. Jean Ferrat s'étonnait de mes nouvelles activités, mais nos relations s'étaient bornées, pendant toutes ces années, à n'être qu'épistolaires. J'aurais voulu qu'il vienne me voir jouer lorsqu'une de mes tournées théâtrales passait à Lyon ou à Saint-Étienne, mais à chaque fois, des empêchements imprévus y mirent obstacle.

En 1978, Jean se remit au travail d'écriture. Il semblait être en forme après ce qu'il appelait son année sabbatique. L'album en préparation pouvait déjà contenir les quatre titres du super enregistré, juste avant sa performance au Palais des Sports : *Mon Palais – Le petit trou pas cher – La Boldochévique* et *Caserne.*

En y ajoutant les deux chansons écrites quelques mois plus tôt pour Isabelle et qu'il serait heureux de chanter, il ne lui en manquerait plus que quatre. Un chanteur se doit d'être un peu matheux ! Cécile Loggiard lui écrivit *Le Diable au Cœur*, un texte passionné, très sensuel, dans un climat qui fait penser aux pièces de Tennessee Williams : *Un soleil farouche / Pèse sur ma bouche / En pétales d'or / Un soleil de fièvre / Pèse sur mes lèvres / Pèse sur mon corps [...] Je voudrais t'écrire / Je voudrais te dire / Je m'ennuie de toi / Mais les heures passent / Mon désir se lasse / Au fil de ma joie.*

Le deuxième texte est adapté de la lettre qu'Ethel Rosenberg écrivit à ses enfants la veille de son exécution en juin 1953. La chanson s'appelle *Si nous mourons : Vous apprendrez un jour mes fils, vous apprendrez / Pourquoi nous reposons sous terre [...] Joyeux et vert mes fils, mes fils joyeux et vert / Sera le monde au dessus de nos tombes / Les tueries cesseront, la terre fleurira / Dans la paix fraternelle...*

Toujours fidèle à Louis Aragon, Jean a encore choisi un texte ambigu, *Le Tiers Chant*, oscillant entre amour et méfiance : *Te prendre à Dieu contre moi-même [...] Je suis ton ombre lapidée / Ton rendez-vous contremandé [...] Le mendiant devant ta porte / Qui se morfond que tu ne sortes / Et peut mourir s'il est tardé / Et je demeure comme meurt / À ton oreille une rumeur / Le miroir de toi défardé.*

Ce n'est pourtant pas un poème aussi percutant que ceux des choix précédents.

Hésitant entre sa sympathie pour Jacques Prévert pour Raymond Queneau ou pour les dadaïstes, Henri Gougaud avait apporté à Jean un poème surréaliste, *Un Cheval fou dans un grand magasin*, qui ne pose aucun problème existentiel : *Je suis un arbre, un vélo, une orange / Un grand bateau un café sur le zinc / Je suis un fleuve, une hirondelle, un ange / Un cheval fou dans un grand magasin...*

Dans la même légèreté sans prétention, Guy Thomas avait pondu une fable, intitulée *Le Chef de Gare est amoureux*, qui peut permettre aux chefs de gare de retrouver leur dignité : *[...] Le chef de gare est amoureux / Il n'a qu'une idée dans la tête / Le train de neuf heur' cinquant'-sept / Car tout son bonheur en descend / C'est une fille de seize ans / Elle est charmante, elle est discrète / Et c'est dans un wagon-couchette / Que tous les soirs les deux amants / Se font un p'tit appartement...* Cela fait qu'il se fout de la bêtise des gens qui le traitent de cocu.

Pierre Grosz, dont Jean avait déjà chanté *Je meurs,* en 75, lui avait écrit cette fois une chanson « sur mesure », *Les Instants volés*, qui cadrait parfaitement avec la manière de vivre de Jean à Antraigues : *[...] J'aime ces instants volés / Au grand vacarme de la vie / Là si je veux je peux parler / Seulement des petits soucis / Écouter rêver les amis / Dériver et me délivrer / Du poids du monde et de la vie.*

Les gens du métier de la chanson furent surpris du succès de ce dernier album. Comment était-ce possible qu'un artiste ayant cessé tout spectacle depuis bientôt six ans, soit encore capable de vendre des disques ? Et finalement, sa carrière de chanteur en public n'avait pas dépassé dix-huit ans ? Ce n'était pas une bête de scène comme Brel, il n'avait jamais fait, comme ce dernier, trois cents concerts par an. Qu'est-ce qui le rendait aussi proche des gens, même quand il ne se montrait que peu ? Il n'était mêlé à aucun scandale. On ne parlait que vaguement de sa vie privée, de sa femme qui, paraît-il, avait renoncé à sa carrière de chanteuse et n'était pas en excellente santé. On n'entendait pas parler de lui dans la presse people. Comment faisait-il pour se débarrasser des paparazzis ?

La réponse à toutes ces questions était simple. Les gens avaient compris, intégré ce qu'il chantait parce qu'il était sincère, authentique. Les plus simples pouvaient s'identifier à lui. Nulle esbroufe dans son comportement. Il y a, dans le public populaire, beaucoup plus de gens que l'on ne croit, doués d'une intuition extraordinaire. Ils n'idolâtrent pas automatiquement les « artistes » qu'on leur présente à la télé. On ne les croise pas dans les générales, dans les cocktails mondains, dans les boîtes à la mode et ils ne sont pas constamment à l'affût de la nouvelle star du showbiz que l'on traînera aux gémonies quelques mois plus tard.

Les Français, nous a-t-on dit, ont pour 80 % d'entre eux, des ancêtres paysans. N'est-ce pas cette hérédité qui a transmis à un grand nombre d'entre nous ce bon sens paysan, qui nous permet de sentir parfois sans rationalité particulière, sans avoir fait d'études préalables, ce qui est beau et bon, et de nous méfier des beaux parleurs et des m'as-tu-vu ?

Le succès populaire ne l'avait pas poussé à ne chanter que du facile. Il a su imposer des poètes comme Louis Aragon. Les gens simples lui étaient reconnaissants d'avoir pu, grâce à lui, le découvrir et aimer sa poésie. Car s'il le faisait ainsi, cela voulait dire qu'il les respectait.

Je pense également que pour Jean, qui n'avait jamais éprouvé une joie particulière à s'exhiber en public, le fait d'arrêter ses représentations était aussi le résultat d'un constat personnel : *plus je fais des tournées, plus je gagne de l'argent. J'en ai déjà gagné beaucoup. Je ne manque de rien. Je ne rêve pas d'automobiles, de bateaux, d'accumuler un trésor. Même si nous vivons très vieux Christine et moi, nous sommes assurés d'avoir ce qu'il nous faut jusqu'à la fin de nos jours. Travailler plus serait indécent.*

J'ai pu savoir indirectement, car il n'éprouvait pas le besoin de s'en vanter, qu'il aida au financement d'une manufacture à Antraigues pour donner du travail à un certain nombre de femmes du pays.

C'est donc avec une grande sérénité et en laissant les textes venir sous sa plume, quand ils étaient mûrs, qu'il se mit à écrire douze chansons, sans apport extérieur pour la première fois. Il en assurait la paternité à part entière. Ce ne fut pas, jusqu'en 1980, son seul travail. Il réactualisera cent treize titres, toujours revus, corrigés et orchestrés par Alain Goraguer et les réenregistra en douze volumes. En effet, Gérard Meys et lui, perdaient la propriété des bandes originales, car Barclay venait d'être racheté par Polygram.

Il savait déjà quelle chanson allait être le pavé dans la mare de son album d'inédits : *Le Bilan*. Cette chanson devait clore le bec à tous les anticommunistes primaires qui lui reprochaient d'avoir été stalinien, de même qu'aux inconditionnels du parti qui ne pouvaient admettre aucune critique, fût-elle sérieusement fondée. Il était clair que désormais, Jean ne s'interdisait plus rien dans la révélation de ses opinions politiques. Sa chanson *Camarade,* lui avait démontré que la langue de bois n'était ni nécessaire, ni utile : *Ah ils nous en ont fait avaler des couleuvres [...] Les staliniens zélés qui mettaient tout en œuvre / Pour vous faire signer les aveux les plus fous* [...] *Votre jeunesse était l'histoire de ce monde / Vous aviez nom Kostov ou London ou Slansky*[1] */ Au nom de l'idéal qui nous faisait combattre / Et qui nous pousse encore à combattre aujourd'hui...*

Par ces deux dernières phrases, Jean indique que les crimes du stalinisme ne l'empêchent pas de conserver un idéal communiste. Puis il poursuit : *[...] Ce socialisme*

1. Kostov, communiste bulgare, victime d'une purge stalinienne en mars 49, condamné à mort et exécuté en décembre. Arthur London, communiste tchèque, arrêté, passe aux aveux forcés, condamné à la prison à perpétuité, réhabilité en 56, écrit *L'aveu* / Slansky, communiste tchécoslovaque, forcé lui aussi de s'accuser publiquement, requiert contre lui-même la peine de mort.

était une caricature / Si les temps ont changé, des ombres sont restées / J'en garde au fond du cœur la sombre meurtrissure / Dans ma bouche à jamais la soif de vérité...

Et il n'hésite pas à critiquer Georges Marchais et son *bilan positif.*

Je suis persuadé que cette chanson a fait réfléchir les plus hautes instances du parti. Aucun n'a osé lui faire le reproche de l'avoir chantée.

Oural Ouralou est une chanson vécue, écrite par Jean, un an après la mort de son chien. Il s'appelait Oural Ouralou, l'avait accompagné à Paris et dans ses tournées. Jean l'adorait et on le sent bien : *[...] Jour après jour, il faut l'admettre / Voir ceux qu'on aime disparaître / C'est ce qui fait vieillir trop tôt / Au paradis des chiens peut-être / Ton long museau à la fenêtre / Tu nous accueilleras bientôt [...] Hourrah Oural Ouralou...*

Parfois, Jean prenait plaisir à taquiner une muse assez coquine et à ressusciter une tradition galante que la chanson française n'a jamais perdue au cours des siècles, depuis Ronsard et Du Bellay. Tel est le cas dans *L'amour est Cerise : [...] L'amour est cerise / Et le temps pressé / C'est partie remise / Pour aller danser [...] Défions le monde / Et ses interdits / Ton plaisir inonde / Ma bouche ravie / Vertu ou licence / Par Dieu je m'en fous / Je perds ma semence / Dans ton sexe roux.*

Et quel plaisir, lorsque c'est aussi bien dit. Ne se laissant pas envahir par cette langueur amoureuse, toutes les chansons qui suivent ont en commun une inquiétude devant les transformations de la société, des modes de vie, de la façon de chanter, de vivre, de ne pas admettre de mélanger les jeunes et les vieux

J'ai froid est un cauchemar. Ce froid signifie le retour de l'oppression, de la force imbécile, de la bête immonde, en opposition avec la chaleur de la révolte, qui *éclaire un grand feu de bois / Quand fera-t-il donc le tour de la terre ? / J'ai froid.*

Jean ironise ensuite sur la mode étrange qui a contaminé les chanteurs de France, celle de chanter en anglais, avec cette chanson, intitulée *Pour être encore en haut de l'affiche : J'pourrai susurrer en angliche / Si je n'veux pas finir en loque / Je pourrai braire en amerloque / Singing in the rain / Singing in the train / Singing my heart / Singing in the woods / Singing in the blood / It is not the tarte.*

Jean ne dédaignait pas, dans ses débuts, parler le franglais pour des effets comiques. Je l'ai reconnu dans le « *It is not the tarte !* »

Autre problème, plus grave celui-là : qu'adviendra-t-il de notre beau pays après le grand saccage ? Jean se transplante dans le futur pour l'imaginer à travers la chanson *Mon pays était beau : Mon pays était beau / D'une beauté sauvage / Et l'homme, le cheval et le bois et l'outil / Vivaient en harmonie / Jusqu'à ce grand saccage / Personne ne peut plus simplement vivre ici...*

Enfin, il y a un très beau sujet, mais très triste, qu'aborde Jean dans la chanson *Tu verras, tu seras bien* : comment est-il possible de prendre la décision de se séparer de sa vieille maman pour l'envoyer dans une maison de repos ? Jean ne juge pas, il constate : *J'aurais bien voulu te prendre / Avec nous comme autrefois / Mais Suzy m'a fait comprendre / Qu'on est un peu à l'étroit / Il faut être raisonnable / Tu ne peux plus vivre ainsi / Seule, si tu tombais malade / On se ferait trop de souci.*

On retrouve ensuite le Ferrat persifleur, imaginant le jour où il ne sera plus victime d'aucune censure, avec *Quand on n'interdira plus mes chansons*, lorsqu'il ne chantera que les petits oiseaux, l'amour, le ciel, la terre et l'eau, qu'il aura aseptisé sa plume et ne détonnera plus dans les shows télévisés, que se passera-t-il alors ? : *Je serai bon à jeter sous les ponts.*

J'ai mis des extraits de *J'aurais seulement voulu* en début de cet ouvrage. Je trouve que par métaphores, elle retrace le parcours de Jean à travers la vie et ses embûches, ce parcours d'un témoin, d'un homme de bonne volonté, son désir d'un monde heureux. Cette chanson prend encore beaucoup plus de force depuis qu'il nous a quittés. Le *Qu'aurais-je été* qui revient à chaque couplet, est en même temps un questionnement et la quête d'une excuse de n'avoir pu réussir à tout changer : *Qu'aurais-je été / Sinon cette vallée que tous le vents traversent / Mes certitudes ballottées / Ces mots à peine éclos à mes lèvres qui gercent /*

J'adore cette chanson et lorsqu'en 1981, je me remettrai à chanter, je l'inscrirai dans mon premier tour de chant.

On assiste au retour à une vieille tradition de la chanson française mi-rurale, mi-paillarde avec *La Bourrée des Trois célibataires*. De la chanson qui ne conteste pas, qui ne bouleverse pas les sentiments, de la chanson à boire et parfois à manger. Mais ici, Jean y ajoute de par son langage, un peu plus de subtilité : *C'est dans une secte / En mal de prophète / Qu'elle prêche à gogo / Paraît qu'c'est une phase / Pour être en extase / Avec son ego* et de l'entrain avec le refrain dont la musique peut rappeler Paul Barrault : *Avec le commodore et avec l'ami Pierre /*

Ce qu'on va s'en payer mes petits rigolos / En dansant la bourrée des trois célibataires / Nos femmes ont fait la malle avec leur libido.

La chanson qui suit pourrait s'intituler *Conseils à un postulant chanteur* plutôt que *Chanter.* Jean décrit les difficultés du métier, avec le bon sens de Jean Gabin lorsqu'il déclamait *Je sais* et découvrait à la fin de sa vie *qu'on ne sait jamais rien, mais que ça au moins, on le sait*. Pour qui voit les chanteurs de l'extérieur, tout paraît facile, brillant, que ce soient l'argent, le luxe, la gloire ou les voyages : *Chanter / Ce n'est pas ce qu'on vous proclame / Chanter / Il faut s'y jeter à tue-tête / À bras le cœur, à fendre l'âme / Avec un seul point au programme / Celui de n'être sûr de rien...*

Lorsque je repense aux débuts de Jean, cette chanson me fait sourire parce qu'il ne paraissait pas être attiré par le clinquant du métier et prenait ses distances plutôt que de s'y jeter à corps perdu. Je regrette de n'avoir pu lui en parler.

Le douzième et dernier titre de l'album porte le joli nom de *L'embellie*. Il s'en dégage une atmosphère fraîche et délicate, proche de celle de Prévert dans *Pour peindre un oiseau dans une cage,* une atmosphère d'après l'orage : *[...] Écris quelque chose de joli / L'odeur des lilas et des roses [...] Je l'aurais voulu si joli / Ce poème en bleu et en rose [...] Mon amour en qui tout repose / Et que nul ne puisse ni n'ose / Douter que tu es dans ma vie / L'embellie l'embellie...*

Sous le nom de *Ferrat 80*, l'album sortit en novembre. Distribué par Discodis. En quelques semaines, il s'en vendit un million d'exemplaires. Le 22, à 20 h 30, Jean était invité sur TF1 par Michel Drucker, et chanta les dix chansons de l'album, mais aussi *Nuit et Brouillard, Aimer à perdre la raison et Ma France.*

Les commentaires sur *Le Bilan* furent innombrables et variés, interprétés de diverses manières. Jean avait-il coupé les ponts avec le Parti communiste ? « *Non* », répondit-il, « *j'ai dit dans la chanson que l'idéal nous pousse à combattre aujourd'hui* ».

Dans sa radioscopie par Jacques Chancel, en février 81, ce dernier ne comprend pas comment, après avoir blâmé les termes de *bilan globalement positif*, employés par Georges Marchais à propos de l'action du gouvernement soviétique, Jean Ferrat ait annoncé son intention de voter pour lui aux prochaines élections. Jean répondit qu'il votait pour ce qu'il croyait être le mieux pour la France et qu'il restait fidèle à ses camarades communistes qui l'avaient sauvé dans son enfance.

L'album reçut le prix de l'Académie Charles Cros en mars 1981. Le 10 mai 1981, François Mitterrand fut élu Président.

Au printemps 1981, je me consacrai à la production artistique d'une émission de télévision que j'avais conçue : et intitulée *Il y a vingt-cinq ans la Colombe.* On tourna aux Buttes-Chaumont, dans un décor où le rez-de-chaussée de *La Colombe* était fidèlement reconstitué, et je demandai à quatorze des artistes à qui j'avais fait faire leurs débuts, de venir chanter ou dire une chanson ou un texte, tels qu'ils les chantaient ou les disaient à leurs débuts. Pierre Perret ne pouvait pas être présent. À ma grande déception, Jean Ferrat se désista lui aussi. Très choqué au début, je compris son refus lorsqu'il m'en expliqua la raison :

« Excuse-moi Michel, depuis plusieurs mois, j'ai refusé à trois producteurs différents de participer à leurs émissions. Je ne veux pas en faire maintenant. Je leur ai promis de travailler avec eux dès que je remettrai la machine en route. Ils ne comprendraient pas que j'accepte d'en faire une maintenant, avec quelqu'un d'autre. » Connaissant sa loyauté, je savais qu'il tiendrait sa parole auprès d'eux et je n'insistai que pour lui demander si Christine Sèvres pouvait quant à elle, se rendre libre. Même si elle ne voulait plus chanter sur une scène, peut-être accepterait-elle de faire une télé ? Il m'apprit alors qu'elle était très malade, que les médecins lui interdisaient tout effort, toute émotion et que d'ailleurs, elle n'était pas en état de se déplacer.

Cela me chagrina à double titre. Mon réalisateur, Maurice Frydland, eut alors l'idée de rechercher des images d'archives et Jacques Chancel lui en procura d'un *Grand échiquier.* Dans celles que nous choisîmes, il y avait un extrait de *La Matinée*, dont le texte est d'Henri Gougaud, (un autre ancien de *La Colombe),* interprété par Christine et Jean, et un deuxième extrait où l'on voit Jean avec Pierre Perret. Jean lui disait : *Tu t'rappelles à La Colombe, tu chantais Moi j'attends Adèle* et Jean s'était mis à la chanter, tandis que Perret l'accompagnait à la guitare.

Ainsi, avec ces extraits, j'avais d'une façon indirecte, quatre de *mes* artistes, en plus de ceux qui s'étaient déplacés. Nous avons tourné pendant huit jours. Au montage, il restait une heure et quart. Comme la direction pensait que ce n'était pas une émission grand public, elle ne m'avait pas laissé un créneau horaire plus grand.

Des évènements importants s'accumulaient. La peine de mort fut abolie le 18 septembre, puis Jean Ferrat reçut le *Diamant de l'année* pour l'ensemble de son œuvre. Notre émission,[2] qui fut très appréciée, passa sur Antenne 2, à 20 h 30, le 23 décembre 1981, sans que Christine Sèvres ne puisse la voir...Elle était décédée un mois plus tôt. Nous fûmes très tristes. C'était une très grande interprète et une amie qui disparaissait. Jean se retira pendant de longs mois en évitant les contacts. Seule la mort de Louis Aragon, le 24 décembre 1982, le fit se déplacer. Je n'ai pas su si sa santé était bonne, car il n'en parlait pas et ne voulait pas qu'on en parle. Il n'a pas su non plus qu'en mars 1983, j'avais eu des problèmes coronariens assez graves. Nous étions semblables sur ce point ; nous n'avons jamais eu envie de raconter nos problèmes de santé. C'est aussi en mars 83, que Jean cessa de se présenter aux élections à Antraigues.

En 1984, cependant, il me raconta au téléphone qu'il travaillait sur un album pour 1985, et qu'il mettait en musique de nombreuses chansons de Guy Thomas, celui que, sans le connaître, j'ai qualifié plus haut de polisson, celui de la *Leçon buissonnière* et du *Chef de Gare amoureux.*

Il avait déjà sélectionné la chanson *Je ne suis qu'un cri*, comme titre de son album. En écorché vif, Guy Thomas démolit tous les poncifs des besogneux littéraires, des engagés tricolores ou encartés politiques ; il est un cri, un cri libertaire, *un cri qu'on pousse à la folie, un cri pirate, de ces cris-là qu'on interdit :Je ne suis pas littérature / Je ne suis pas photographie / Ni décoration ni peinture / Ni traité de philosophie.*

2. Elle peut être consultée dans les archives de l'INA

Mais après quatre couplets de révolte, un autre son se fait entendre : *Pardonnez si je vous dérange / Je voudrais être un autre bruit / Être le cri de la mésange / N'être qu'un simple gazouillis / Tomber comme un flocon de neige.*

Je reconnais le goût de Ferrat pour cette dualité du râleur intensif capable de s'adoucir.

Hospitalité est écrite dans une langue succulente, imagée, paysanne, une langue riche et généreuse : *Quand vous viendrez chez moi gn'aura pas à s'en faire / La porte s'ouvrira gn'aura le corridor / Et vous serez chez vous, souris dans un gruyère / Les volets seront mis pour oublier dehors.*

Belle trouvaille que cette expression *Oublier dehors.*

Je ne m'étends pas sur *L'âne*, car cet âne ne m'a pas emballé. Bien sûr, c'est subjectif, mais j'avoue ma nette préférence pour cette tendre visite à une gamine enfermée chez les dingues, à qui il murmure : *Viens mon frelot*. J'admire la sensibilité de Guy, les mots superbes qu'il trouve pour la consoler : *J'aurai des mots si tu sanglotes / Si doux, si bons, si parfumés / Des mots qu'ils n'ont pas bousillés / Des mots tout chauds si tu grelottes [...] Tu me diras tes dérobades / Ton envie de te foutre à l'eau [...] On parlera des gens malades / C'est-à-dire des gens normaux...* il ajoute aussi qu'il pourra peut-être l'emmener en train, pour prendre le bateau à Marseille, vers un monde qui ne peut être que merveilleux.

Très amusante, la suivante. C'est l'histoire d'un soudard qui *fréquente* une femme du monde et qui, dans un vocabulaire imagé, veut bien faire des... *Concessions,* mais jusqu'à un certain point : *[...] Mais j'dirai pas mes hommages / En dégrafant ton corsage [...] Mais j'prendrai pas des pincettes /*

Pour enlever ta jupette [...] Je mettrai pas de jaquette / Pour soulever ta liquette [...] Je ne boirai pas d'la flotte / Pour enlever ta culotte. Faut pas exagérer tout de même !

La tradition gauloise ne se perd pas. Même quand elle s'affine dans la chanson suivante *Comptine pour Clémentine,* beaucoup moins rustre, et évoquant plutôt la peinture de Fragonard : *[...] La clé fait deux petits tours / Entrez Monsieur mon amour / Entrez mon printemps joli / Mon oiseau de paradis / Voici le muguet ma mie [...] Il n'y a pas de morale / Dans ma chanson de cigale / Il n'y a c'est instinctif / Qu'un petit cri subversif / Merde à la fourmi ma mie / Merde à la fourmi...*

J'ai été surpris, je l'avoue, du choix qu'avait fait Jean de chanter *L'âne* et de ces deux dernières chansons. Non pas que les deux dernières ne soient pas bien écrites, malicieuses et drôles. Pour moi, elles ne me semblaient pas entrer dans son univers. Mais je n'aurais pas voulu lui dire par écrit. Si j'avais pu le voir, je lui en aurais incontestablement parlé.

En revanche, la chanson suivante est parfaite pour Jean. Elle commence par : *On m'a dit que mes idées ne sont plus à la mode !* Elle continue par (il faut) *Mettre jour après jour un peu d'eau dans son vin / On m'a dit dans la jungle il faut qu'on se débrouille [...]* La chanson s'appelle *La Porte étroite,* dont voici un autre extrait : *[...] La porte du bonheur est une porte étroite / On m'affirme aujourd'hui que c'est la porte à droite / Qu'il ne faut plus rêver et qu'il est opportun / D'oublier nos folies d'avant quatre-vingt-un*[3] *[...] Parfois je crois revoir sur du papier jauni / La photo de Pétain dans mon verre de Vichy.*

---

3. Allusion à l'année de l'arrivée de la gauche au pouvoir.

Il est certain que Jean, en choisissant cette chanson, ne veut pas baisser les bras et qu'il a l'intention de continuer à se battre. Mais cependant, pour la première fois, il va penser à sa fin de vie. En effet dans *Le Cœur fragile,* il chante : *[...] J'ai pris le parti des poètes / C'est en cherchant la toison d'or / Que mon cœur a battu si fort / Quand j'y pense encore, il s'arrête* [...] *J'aurais vécu / Sans avoir cru / L'île déserte / En attendant [...] Je veux dormir / Je veux mourir / La porte ouverte.*

On ne dira jamais assez l'étrange connivence entre un auteur et un compositeur ou parfois entre un auteur et son maître, comme ce fut le cas entre Jean Ferrat et Aragon. Dans plusieurs chansons déjà, sauf de rares exceptions que j'ai signalées, j'ai remarqué à quel point Guy Thomas *collait* aux idées de Jean. Je pense qu'il a fallu entre eux, une grande amitié et de longues entrevues pour parfaire cette osmose.

S'il fallait en donner encore un exemple, *Le Châtaigner* en serait un excellent. Le texte parle du bruit que font, dans la vieille maison les poutres, la charpente et le plancher en châtaigner. Ce bruit devient une chanson dans laquelle le bois s'exprime : *J'entends les vieux planchers qui craquent / J'entends du bruit dans la baraque / J'entends, j'entends dans le grenier / Chanter, chanter mon châtaigner [...] Il me chante une chanson tendre / Que je suis seul à comprendre / Quand la nuit vient à petits pas.*

Puis vient une autre chanson d'anar contestataire, intitulée *Petit*, dont Jean peut faire ses choux gras. Le héros en est un gavroche de campagne, allergique au protocole scolaire, *bête noire du surgé, blâmé du conseil de classe* dont le rêve se révèle dans le dernier refrain : *C'est vrai qu'elle a triste figure / Cette planète où nous vivons / Ça pue la haine et la torture / La guerre et la bombe à neutrons / Ah vivre un monde un peu moins vache / Un peu plus libre, un peu plus beau / Petit, mon voyou, mon apache / Mon amoureux du fil de l'eau.*

Il y a une grande tendresse pour les cancres dans cette chanson.

Est-ce chez eux que l'on pourra trouver les poètes qui sauveront le monde ?

Vipères lubriques est la chanson anticléricale qui manquait à cet échantillonnage de chansons. Elle est peut-être démodée aujourd'hui, à l'heure où on nous révèle certaines exactions sexuelles dans le haut clergé. Guy ne manque pas d'éclectisme dans le choix de ses thèmes. Celui-ci est drôle. Il confronte différentes performances amoureuses frisant le sadisme, le masochisme et le voyeurisme à la loi du pape. En poésie, on peut tout dire, cela dépend de la façon dont c'est dit.

Pardonnez-moi Mad'moiselle est une chanson de dragueur habile qui se déprécie sur tous les points auprès de la belle qu'il désire pour arriver à ses fins : il n'est pas sortable, il n'a pas de conversation, les notables l'ennuient, il a mauvais goût, des idées de petit con : *Pardonnez-moi mad'moiselle / Je suis plein de confusion / D'avoir frôlé vos dentelles / Effleuré vos bas nylon / J'ai pas d'excuse officielle / Ni de justification / Vraiment vous étiez si belle / Et puis vous sentiez si bon.*

Très curieuse chanson que *Le Kilimandjaro*. Je ne suis pas sûr que Jean ait eu raison de la choisir. Seule la chute est drôle, comme peut l'être une blague de fin de banquet. Je ne vous la révélerai donc pas. J'ai assez dit du bien de Guy Thomas pour qu'il ne m'en veuille pas.

La dernière de l'album est une excellente chanson. Pleine de nostalgie, à l'heure où vient la vieillesse et que l'on a peur de ne pas avoir vécu ce dont on avait rêvé... le temps des cerises. La chanson a pour titre *Les cerisiers : [...] Ah qu'il vienne au moins le temps des cerises / Avant de claquer sur mon tambourin / Avant que j'ai dû boucler mes valises / Et qu'on m'ait poussé dans le dernier train [...] Que d'autres que moi chantent pour des prunes / Moi je resterai fidèle à l'esprit / Qu'on a vu paraître avec la Commune / Et qui souffle encore au cœur de Paris.*

Sorti en novembre 1985, l'album fut distribué par Pathé-Marconi.

Le 2 novembre, Bernard Pivot qui, dans son émission, n'avait jamais invité d'autres personnalités que des écrivains, invite exclusivement le chanteur Jean Ferrat dans sa propre maison d'Antraigues.

Le chiffre de ventes n'atteint pas celui du *Bilan,* mais c'est quand même exceptionnel pour un artiste qui ne chante plus en public depuis treize ans.

Nous avions vendu le fonds de commerce de *La Colombe* en juillet cette année-là, tout en conservant le logement du dessus. Je ne faisais plus que du théâtre et obtenais quelques petits rôles au cinéma et à la télévision. Beleine dut subir une grave opération.

Chapitre VII

Le dernier combat

En cette année 1985, en URSS, Gorbatchev instaura la perestroïka et la glasnost.

Depuis l'émission de Bernard Pivot, Jean se ressourçait. Tranquillement, il écrivait de nouvelles chansons, à part entière, cette fois. C'était un peu une façon de se reconstruire après la disparition de Christine.

De notre côté, ayant eu une proposition inespérée d'achat pour les murs de l'immeuble de *La Colombe*, nous l'avons quittée et avons acquis un corps de ferme du XVIIe, à 35 kilomètres de Paris. La maison aussitôt baptisée *La Colombière* avait une grange que nous avons aménagée, en quelques années, en un lieu de spectacles où, à partir de 1993, en créant l'association *Chant'Essonne,* nous avons organisé des veillées mensuelles régulières. J'y engageais des artistes connus à *La Colombe* et à *La Mouffe* comme Marc Ogeret, Francesca Solleville, Valérie Ambroise, Douby, Jean-Pierre Réginal, Gilbert Hennevic et Jean Vasca, entre autres, ainsi que de nouveaux venus de talent, que je repérais dans les *petits lieux* de Paris.

En 1990, alors qu'il n'avait pas fini d'écrire les chansons de son prochain disque, Jean eut une belle surprise : la SACEM lui remit sa médaille d'or.

Le mur de Berlin venait de tomber quelques mois plus tôt.

Tout en se réjouissant de la perestroïka et de la chute du mur qu'il jugeait nécessaires, Jean trouvait regrettable qu'en même temps, on puisse tout jeter de ce que tant d'hommes avaient essayé d'élaborer. Il écrivit *Dans la jungle ou dans le zoo.* Il est clair que pour lui, la jungle désigne le capitalisme, tandis que le zoo représente la mafia, la corruption, la violence et il n'y a plus d'autres choix : *[...] Rien ne servirait de se battre / Pour un monde à visage humain / Il faudrait brûler tous les livres / Redevenir des animaux / Sans avoir d'autres choix pour vivre / Que dans la jungle ou dans le zoo.*

Cette chanson forte allait sans problème, donner un titre fort à l'album.

Il s'attaqua ensuite à une certaine forme de modernité qui supprimait tout ce qui était poésie dans le jeu. *Les Petites fille Modèles ne jouent plus à la poupée.* Elles se servent du Minitel et boursicotent. On dirait aujourd'hui qu'elles s'envoient des SMS ou des emails sur leur ordinateur et leur portable. *Leur prince de référence / C'est le golden boy en transe.* On parlerait de *trader* de nos jours. Le fond reste exact. La situation a même empiré.

Heureusement, Jean sait encore écrire des chansons d'amour et il en a fait une très délicate qui s'intitule *Parle-moi de nous : Parle-moi tout bas / Parle-moi de toi / Parle-moi de nous / Des hauts et des bas / De la vie qui va / Des riens qui font tout / Parle-moi des choses / Que jamais l'on n'ose / Se dire entre nous / Indéfinissables / Petits grains de sable / Dont je suis jaloux.*

Cet amour si délicat ne peut faire oublier aux amoureux ce qui se passe dans le monde. Il ne faut surtout pas se perdre : *Dans ce monde atroce / Où l'homme féroce / Pour l'homme est un loup / Le cri de l'Ardèche / Est comme une pêche / Au-dessus de nous / Garde-moi ma place / Ce havre de grâce / Entre tes genoux / Où se désaltèrent / À ta source amère / Mes rois et mes fous.*

Sans la chanson suivante, Jean emprunta à Serge Gainsbourg un vocabulaire à la fois dans le vent et argotique, des mots courts portés par des vers à quatre pieds, permettant un rythme musical haché et rythmé. Un véritable exercice de style, car il usa aussi de son audace verbale *(Ouvre les cuisses / Que je te mate).* Ce n'est pas gratuit, car la chanson s'appelle *Dingue*. En six couplets, ce pamphlet fustige la publicité, les cérémonies des Oscar, des César, du Sept d'Or, du Hit pour être au Top, de la police aussi *(Vole une pomme / Et tu es cuit / Descend un homme / T'as du sursis)* de la justice en toc, de l'état de droit qui *part en couilles,* des fausses factures, du fric : *T'as pas cent balles / Pour le cancer / Pour le Sida [...] Pour la misère [...] Pendant c'temps-là / Cinq cents milliards / Partent en fumée / Partent en fusées / Aux militaires / Cinq cent milliards / Foutus en l'air...*

Les Tournesols est, après *L'homme à l'oreille coupée,* la deuxième chanson que Jean écrivit sur Van Gogh. Il parle de ce tableau vendu aux enchères à un prix astronomique : *[...] Dans un coffre climatisé / Au pays du Soleil-Levant / Tes tournesols à l'air penché / Dorment dans leur prison d'argent / Leurs têtes à jamais figées...*

Pour conclure : *Vincent ma fleur, mon bel oiseau / Te voilà donc Eldorado / De la bourgeoisie triomphante / Te voilà star du Top cinquante / Te voilà branché comme il faut.*

Ces dernières chansons ont dû surprendre celui qui pensait que Monsieur Jean Ferrat avait mis de l'eau dans son vin. Et pourtant, Jean était resté un tendre. Il savait toujours… ou de nouveau (?) écrire de belles chansons d'amour. Mais d'un amour retenu. Comme dans *Chante l'amour,* par exemple : *Au loin les lumières s'allument / Ce papier qui me tend les bras / Chaque fois que je prends la plume / Je tremble de peur et de froid / Je vais, j'hésite et je recule / Qui veut se délivrer de moi / Quel est donc ce feu qui me brûle […] Je n'ai jamais aimé que toi…*

À la Une est une jolie satire de la téléréalité qui sait flatter dans le sens du poil, tout ce qu'il peut y avoir de voyeurisme chez un maximum de téléspectateurs.

Le Grillon nous laisse imaginer la quiétude de sa maison d'Antraigues lorsque : *Un grillon, un grillon / Un grillon dans ma cheminée / Un grillon, un grillon / Un grillon se met à chanter.*

On revient au Ferrat révolté dans *Bicentenaire*. Il est furieux que l'on se serve aujourd'hui du bicentenaire de la révolution de 1789 pour dédouaner la noblesse, fustiger la Terreur, regretter l'incendie des châteaux et pleurer sur les têtes d'aristocrates fichées au bout des piques par une *populace de sans-culottes avinés.* Alors que : *[…] Mais dans sa chaumière […] Je n'ai pas vu pauvre Martin / Pauvre Martin, pauvre misère / Avec sa femme et ses gamins […] Pauvre Martin, pauvre misère / Tremblant de froid, mourant de faim […] Pauvre Martin, pauvre misère / Creuser la terre de ses mains.*

Les enfants des *pauvres petits cons* de 1968 sont devenus vingt-trois ans plus tard *Les Jeunes Imbéciles : Ils ont troqué leur col Mao / Contre un joli costume trois pièces*

/ Ils ont troqué leurs idéaux / Contre un petit attaché-case / Citoyens de Paris ma ville / La plage est loin sous les pavés / Vivez en paix, dormez tranquilles / Le monde n'est plus à changer / Ce n'était alors que jeunes imbéciles / Les voilà vieux cons.

Quel est donc *l'amour sauvage* dont parle Jean dans sa chanson suivante si ce n'est sa propre conscience, son amour de la liberté, cet amour que jamais il ne trahira et à qui il demande de ne pas se laisser apprivoiser afin de pouvoir continuer à *rugir en liberté,* de suivre le message de Mandela, de clamer haut *l'athéisme et l'humanisme*, de conserver ses utopies, d'aider le monde à inventer les fiançailles du *socialisme et de la liberté.* Cette chanson s'appelle *Mon amour sauvage.*

Tu aurais pu vivre est une chanson que Jean adresse personnellement à un de ses amis d'Antraigues, compagnon de boules trop tôt décédé. La chanson est très émouvante et en l'écoutant aujourd'hui, on a envie de lui chanter les mêmes mots : *Tu aurais pu vivre encore un peu, rêver encore un peu, jouer encore un peu, rire encore un peu.*

La Paix sur terre ressemble à un tract. Elle énonce des slogans. Elle ne prend pas de précautions pour énoncer directement ce qu'elle veut dire. Elle est exactement dans le style des chansons que je reprochais aux jeunes artistes de *La Colombe*. Je leur disais que les bons sentiments ne font pas de la bonne littérature, que l'on séduit mieux son auditoire en se servant d'images et de métaphores. Ici, j'avoue que je ne peux reprocher à Jean de dire : (nous) *déclarons la paix sur terre / Unilatéralement.* Néanmoins, je préfère, lorsque dans la même chanson, il chante :

Parce qu'ils ont un jour atteint l'Universel / Dans ce qu'ils ont écrit, cherché ou peint / La force de la France c'est Cézanne et Ravel / C'est Voltaire et Pasteur, c'est Verlaine et Rodin.

La quatorzième chanson de cet album, qui sortit en octobre 1991, est *Nul ne guérit de son enfance,* que j'ai déjà commentée et que Jean avait gardée et remaniée pendant des années.

Dominant nettement le chiffre de vente de l'album précédent, son nouveau disque, intitulé « *Dans la jungle ou dans le zoo* » se vendit à 650 000 exemplaires.

En novembre 80, il fut invité à nouveau par Michel Drucker, mais cette fois, avec un orchestre de quarante musiciens dirigés par Alain Goraguer. Jean Ferrat, à cette occasion, confia à Raoul Bellaiche[1] : *Drucker m'a pratiquement imposé sur sa chaîne parce que personne ne croyait que j'allais faire le succès que j'ai fait. L'équipe de la Une m'a accepté et a joué le jeu mais beaucoup d'entre eux étaient tout à fait contre. Quand, le lendemain, il s'est avéré que j'avais battu tous les records d'Audimat de l'émission de Drucker, ça a été la stupéfaction*. L'enregistrement de cette émission est précieusement conservé.

Jean n'avait dit à personne que depuis plusieurs années, il travaillait sur une œuvre qu'il voulait absolument réussir : une mise en musique de seize poèmes d'Aragon parmi lesquels *La Complainte de Pablo Neruda : [...] Comment croire comment croire / Aux pas pesants des soldats / Quand j'entends la chanson noire / De Don Pablo Neruda [...] Absent et présent ensemble / Invisible mais*

1. Dans Je Chante n° 16, hiver 94.

trahi / Neruda que tu ressembles / À ton malheureux pays.

C'est un poème plein de noblesse et de dignité, en hommage à ce chantre de la liberté qui fut prix Nobel de la Paix et pourchassé après le putsch de Pinochet et la mort d'Allende. Jean sut le rendre joyeux.

Elle est une chanson d'amour pour Elsa où l'on retrouve le poète dans un mélange d'adoration et de crainte : *[...] Elle seule et j'ai pour elle / Seule ainsi vécu souffert / Elle seule, ô ma romance / Mon sang, mes veines, mes vers / Elle seule et qu'elle sorte / Je demeure dans l'enfer...*

J'arrive où je suis étranger est une belle interrogation sur ce que nous sommes et ce que nous devenons ; nous sommes inconnus à nous-mêmes, dissemblables à ce que nous étions, des étrangers : *Rien n'est précaire comme vivre / Rien comme être n'est passager / C'est un peu fondre comme le givre / Et pour le vent être léger / J'arrive où je suis étranger.* Jean Ferrat n'a pas craint de s'attaquer à des thèmes difficiles.

Devine est encore une chanson d'amour déguisé où l'être aimé revêt l'apparence d'un *grand champ de lin bleu parmi les raisins noirs* qui peut refléter le ciel, avoir la couleur des larmes, être dans l'étonnement : *Un grand champ de lin bleu qui parle, rit et pleure / Je m'y plonge et m'y perds dis-moi devines-tu ? / Quelle semaille y fit la joie et la douleur / Et pourquoi de l'aimer vous enivre et vous tue / Devine...*

C'est une chanson d'amour et de désespoir.

Pour Louis Aragon, écrire un poème sur *Chagall* était facile. Il n'y avait qu'à le copier et le pinceau du peintre tenait la plume du poète. On retrouve dans le texte les personnages et leur décor, et dans la musique en flonflons de Jean Ferrat, toutes les couleurs de ses tableaux : *Mon peintre amer odeur d'amandes.*

Les Feux de Paris, traité dans ses transformations par Aragon, permet de voir la distanciation poétique par rapport aux chansons qu'a déjà chantées Jean sur les mêmes thèmes *(Regarde-toi Paname* et *Paris An 2000).* Les premiers vers sont magnifiques : *Toujours quand aux matins obscènes / Entre les jambes de la Seine / Comme une noyée aux yeux fous / De la brume de vos poèmes / L'île Saint-Louis se lève blême / Baudelaire je pense à vous...*

Ici, le poète accepte le changement de visage de la ville, même s'il doit conduire à l'enfer, à partir du moment où l'être aimé y triomphe en peine lumière : *Plein feu sur les arts du mensonge / Flambe perpétuel été / Flambe de notre flamme humaine / Et que partout nos mains ramènent / Le soleil de la vérité.*

Chambres d'un moment est un sujet qui fut plus souvent traité par Carco ou Mac Orlan que par Aragon. Ferrat en fit une valse. Qu'importe que l'on soit à Hambourg ou à Amsterdam, à Honolulu ou à Singapour, ce dernier décrit la clientèle interlope des ports, le quartier des bordels à matelots, les filles en vitrine, avec plus de retenue et de distinction que les poètes *spécialisés* ne l'ont fait avant lui : *Chambres d'un moment / Qu'importe comment / On se déshabille / Tout est comédie / Hormis ce qu'on dit / Dans les bras des filles.*

Avec *Lorsque s'en vient le soir*, on retrouve ici le grand Aragon, celui dont Jean Ferrat est le plus proche, sans que, à mon avis, il n'ait jamais intégré pour lui-même et sa compagne, ce doute permanent du poète vis-à-vis de son amour pour Elsa : *[...] Rien n'a calmé ces mains que j'ai de te connaître / Gardant du premier soir ce trouble à te toucher / Je te retrouve amour si longuement cherché / Comme si tout à coup s'ouvrait une fenêtre / Et si tu renonçais à toujours te cacher...*

Qui vivra verra est un poème écrit pendant la guerre d'Espagne : *[...] Qui vivra verra le temps roule roule / Qui vivra verra quel sang coulera / D'où se peut-il qu'un enfant tire / Ce terrible et long crescendo / C'est la plainte qu'on ne peut dire / Qui des entrailles doit sortir / La nuit arrachant son bandeau / C'est le cri du peuple martyr...*

L'émotion qui se dégage de ces vers est comparable à celle qui se dégageait de *Potemkine.*

L'*Odeur des myrtils* nous permet de retrouver ce qui peut rester dans nos mémoires de la vieille maison quittée, des souvenirs d'enfants, des portraits noircis des vieux fauteuils, des arômes : *Odeur des myrtils / Dans les grands paniers / Que demeure-t-il / De nous au grenier / Odeur des myrtils / Dans les grands paniers.*

Carco est un poème qu'Aragon adressé à son vieil ami Francis Carco, décédé en 1958, victime de la maladie de Parkinson. Carco était un auteur prolifique en contes, romans, chansons, poèmes, dans une veine très populaire. Comme *Apollinaire*, qui est cité par son prénom *Guillaume*, il était amoureux du vieux Paris : *Dis qu'as-tu fait des jours enfuis / De ta jeunesse et de toi-même / De tes mains pleines de poèmes / Qui tremblaient au bout de la nuit [...] Excuse-moi que je le dise / Dans ce Paris où tu n'es plus / Comme Guillaume l'a voulu / Qu'un nom qui se mélancolise...*

Musique de ma Vie nous offre toujours du grand Aragon pour un nouvel hommage à Elsa, sans que cette fois, l'adoration qu'il a pour elle, ne soit troublée par la moindre crainte. Il en fait un parfum, une musique que Jean mettra magnifiquement en forme : *Musique de ma vie, ô mon parfum, ma femme / Empare-toi de moi jusqu'au profond de l'âme / Musique de ma vie, ô mon parfum, ma femme [...] Entre dans mon poème où les mots qui t'accueillent / Ont le palpitement obscur et doux des feuilles / Où t'entourent la fuite et l'ombre des oiseaux* ... Il lui dit qu'elle peut tout prendre, qu'il lui appartient, qu'elle possède même sa mémoire.

Dans la chanson *Pablo mon ami,* comme Jean avait déjà pu le faire dans *Camarade,* puis dans *Le Bilan,* Aragon fait son *Mea Culpa* auprès de Picasso, sur leurs erreurs de jugements vis-à-vis du bolchevisme, sans jamais donner de précisions, sans attaquer aucune personnalité. Il veut maintenir son image de poète au dessus de la mêlée : *[...] Qu'avons nous permis Pablo mon ami ? / Pablo mon ami, nos songes, nos songes [...] Nous avons marché dans le noir à ne plus sentir nos genoux / Sans atteindre le monde à naître [...] Tout n'était-il ce qu'il fut, tout n'était-il que ce qu'on voit ? / Tout n'était-il que ce théâtre ?*

À beau texte, belle musique. Je crois que Jean apprécia la sienne.

Pourtant la vie est cette fois un texte optimiste qui correspond bien à l'une des innombrables facettes de Jean Ferrat. Émerveillement devant la vie simple, la nature, les oiseaux et les fleurs, les enfants. On peut toucher, sentir, regarder, écouter, dormir, aimer : *Rien moins que rien pourtant la vie / Et qu'irais-je chercher des rimes / À ce bonheur pur comme l'air / Un sourire est assez pour dire / La musique de l'être humain / Rien moins que rien pourtant la vie.*

Dans Les Oiseaux déguisés, à l'opposé du texte précédent, Aragon redevient désabusé, il ne croit plus à la sincérité de l'artiste lorsqu'il présente la beauté. Tout est déguisé. Les fables cachent des sanglots. Évitant de mettre pour cette chanson une trop importante orchestration, Jean choisit volontairement la musique de quelques guitares.

Le seizième poème d'Aragon est *Épilogue*, un superbe texte que Jean chante avec force, sur une musique à la fois simple et grandiose. C'est une chanson de déception, écrite à un âge où les regrets dominent. Le texte est tellement beau que j'aimerais vous le donner en entier, mais je me contenterai du refrain : *J'écrirai ces vers à bras grands ouverts / qu'on sente mon cœur quatre fois y battre / Quitte à en mourir, je dépasserai / ma gorge et ma voix, mon souffle et mon chant / Je suis le faucheur, ivre de faucher / qu'on voit dévaster sa vie et son champ / Et tout haletant du temps qu'il y perd / qui bat et rebat sa faux comme plâtre.*

On n'a pas vu la victoire des anges que l'on nous promettait pendant notre jeunesse. Tout est à recommencer depuis que nous avons perdu nos illusions : *Nous avons vu faire de grandes choses, mais il y en eut d'épouvantables. [...] pour savoir en triompher, le chant n'est pas moins beau quand il décline.*

Jean a expliqué qu'il avait eu beaucoup de mal à mettre ce poème en musique. Ce sont en effet des vers de vingt pieds. Et pourtant, la musique paraît si simple, si évidente. Cette chanson assez longue est un petit chef-d'œuvre.

Cet album, sorti en octobre 1994 sous le titre **16 nouveaux poèmes d'Aragon** se vendit à trois cent mille exemplaires et reçut le *Disque de Platine.*

De mon côté, j'avais ouvert la grange de *La Colombière* en mai 1993 à l'Association *Chant'Essonne* qui s'était créée. Je la dirigeais et je l'animais. Pour l'ouverture, j'organisai trois soirées consécutives portes ouvertes où se déroulèrent des concerts de deux heures. Je ne chantais que les chansons que j'avais préférées du temps de *La Colombe,* en y ajoutant *J'aurais simplement voulu* de Jean Ferrat, et en racontant des anecdotes concernant les plus connus de ceux que j'avais découverts...Nous reçûmes ces trois soirs-là, 160 adhésions. J'avais beaucoup travaillé la chanson avec Anton Valéry et Brigitte Sauvane.

Puis, je me suis mis à ne chanter que les chansons d'un inconnu, *Gilbert Hennevic,* que je considère toujours comme une *grosse pointure* en matière de chansons et que je n'avais pas réussi à imposer comme interprète. Un metteur en scène Kazem Shahryari, me donna l'idée d'une comédie musicale où j'intégrai ses chansons et Jacques Canetti me fit enregistrer un album CD *Michel Valette chante Gilbert Hennevic.*

Dès que l'album sortit, je l'envoyai à quelques-uns des artistes que j'avais fait débuter et j'ai gardé la lettre que Jean m'envoya à cette occasion.

5/3/94

JEAN FERRAT

Bien cher Michel,

S'il est vrai que nous nous sommes perdus de vue, ce n'est certainement pas d'amitié ! Tout au moins en ce qui me concerne mais je crois que c'est réciproque.

Et oui, si l'on m'avait dit à l'époque que tu m'enverrais ton 1er disque presque 40 ans après, j'aurais... rigolé, stupidement !

Et pourtant il est là et je vais te dire franchement qu'il me plaît – que les chansons sont bonnes comme ton interprétation – la voix peut-être pourrait-elle être un peu plus travaillée mais pour un début !...

Donc tu vois cher Michel je suis heureux de ton envoi, très d'actualité de "La Colombière" et t'assure de ma très fidèle amitié – Embrasse fort Belaine

J. Ferrat

Jean à qui j'envoyai le bulletin mensuel de *Chant' Essonne* prit une adhésion de membre d'honneur et nous avons toujours espéré qu'il viendrait à l'une de nos veillées.

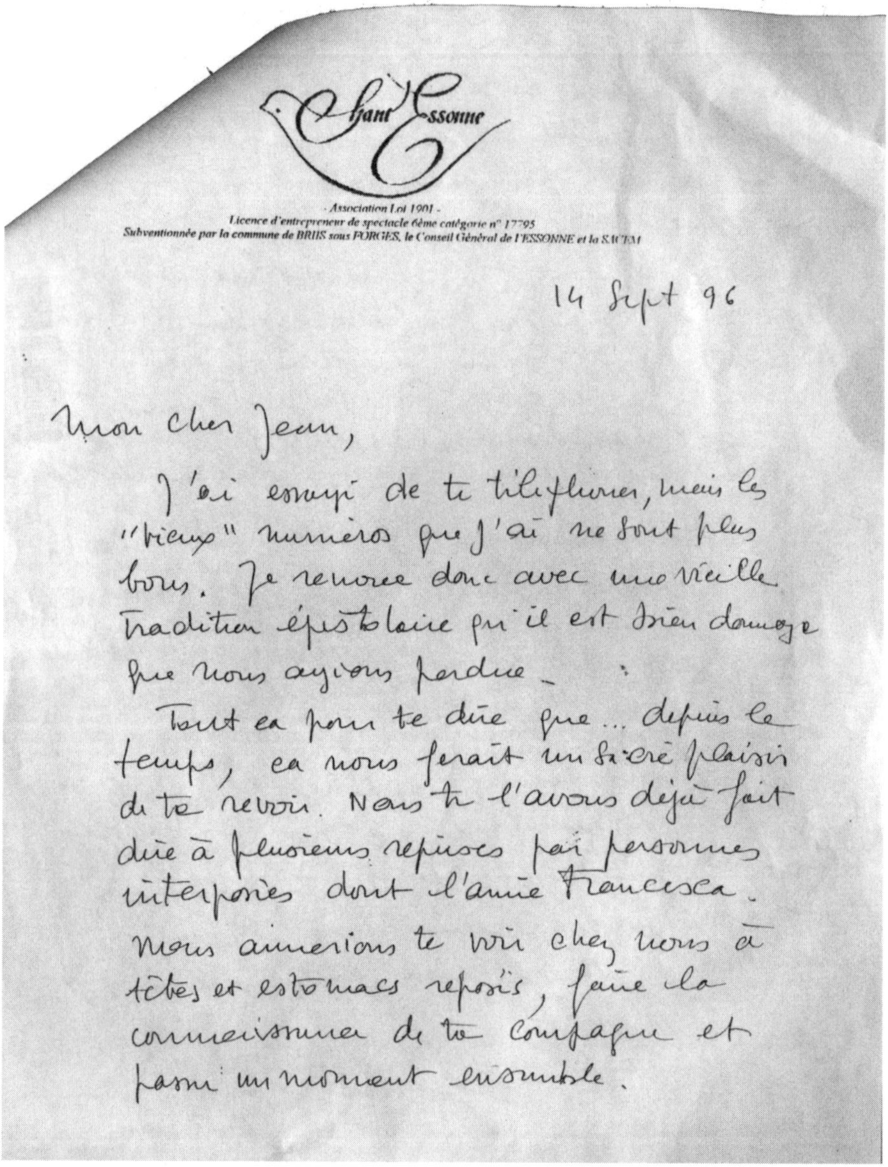

Chant'Essonne

- Association Loi 1901 -
Licence d'entrepreneur de spectacle 6ème catégorie n° 17795
Subventionnée par la commune de BRIIS sous FORGES, le Conseil Général de l'ESSONNE et la SACEM

14 Sept 96

Mon cher Jean,

J'ai essayé de te téléphoner, mais les "vieux" numéros que j'ai ne sont plus bons. Je renoue donc avec une vieille tradition épistolaire qu'il est bien dommage que nous ayons perdue.

Tout ça pour te dire que... depuis le temps, ça nous ferait un sacré plaisir de te revoir. Nous te l'avons déjà fait dire à plusieurs reprises par personnes interposées dont l'amie Francesca.

Nous aimerions te voir chez nous à têtes et estomacs reposés, faire la connaissance de ta compagne et passer un moment ensemble.

Nous aimerions aussi que tu assistes à une de nos veillées s'il le faut avec des lunettes noires si tu ne veux pas que l'on te reconnaisse ! mais que tu fasses au moins la découverte de notre lieu qui n'a rien à envier à "la Colombe" –

Si tu choisissais de venir le 5 Octobre (sans lunettes) ce serait encore mieux pour notre "standing" car ce jour-là nous invitons des officiels (subventions obligent) mais nous savons comme tu répugnes à te mettre en vitrine – Aussi fais comme tu veux !

Je voulais aussi te proposer, lorsque tu as des choses à dire concernant la chanson, de nous envoyer quand tu veux des textes que nous publierons dans notre bulletin (au fait comment le trouves-tu ?) J'essaie toujours de trouver des idées pour le rendre attractif et pour développer les choses qui me paraissent le plus importantes à mettre dans le crâne des gens !.. Si c'était Jean Ferrat "qui causait" ça aurait encore plus de portée. Alors... supprime une partie de boules et rédige !

Amitiés et fraternité et bises de Bélénie

Michel

Mais Briis sous Forges est bien loin d'Antraigues ! Il nous apprit qu'il avait une nouvelle compagne du nom de Colette.

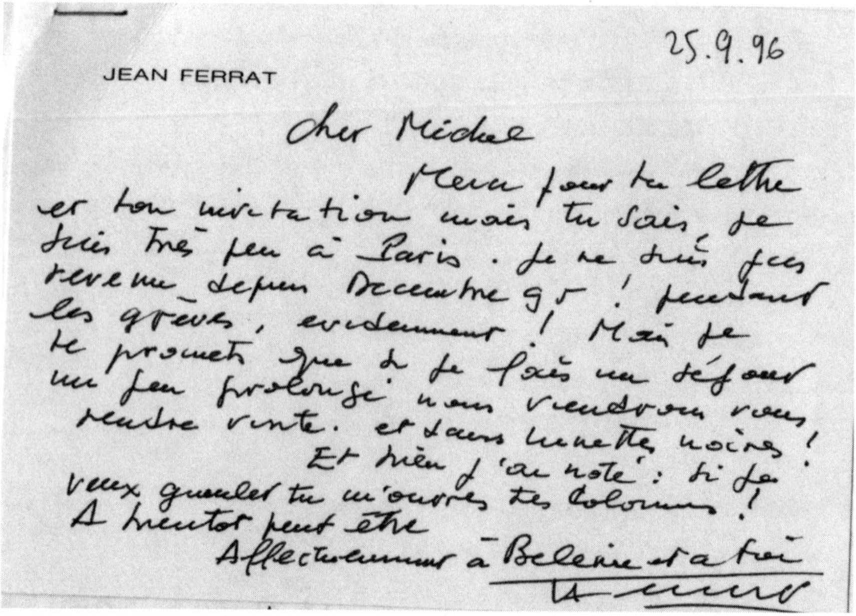
JEAN FERRAT

25.9.96

Cher Michel

Merci pour ta lettre et ton invitation mais tu sais, je suis très peu à Paris. Je ne suis pas revenu depuis Décembre 95 ! pendant les grèves, évidemment ! Mais je te promets que si je fais un séjour un peu prolongé nous viendrons vous rendre visite. et sans lunettes noires !

Et bien j'ai noté : si je veux gueuler tu m'ouvres tes colonnes !

A bientôt peut être

Affectueusement à Belaine et à toi

Jean fut invité au Québec pour présenter son album Aragon mais ne voulut pas y faire de concerts. En décembre 1995, je fis une chute et me cassai le fémur. Je ne sais comment il l'a su. Il m'envoya le petit mot ci-contre.

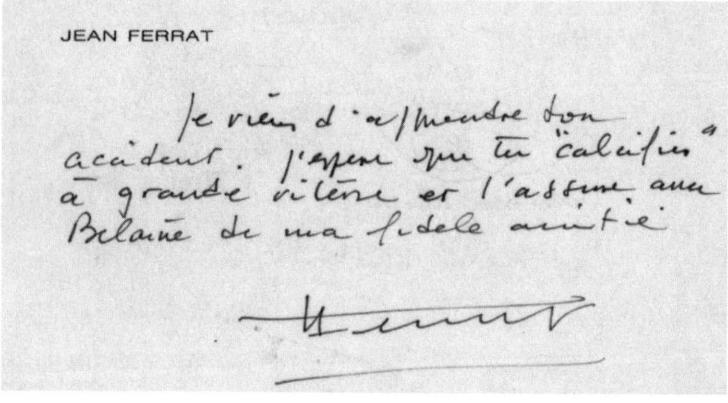
JEAN FERRAT

Je viens d'apprendre ton accident. J'espère que tu "calcifies" à grande vitesse et t'assure avec Belaine de ma fidèle amitié

Le 8 août 1998, Jean fut invité à Alès, qui organisait un petit festival de chansons. Un concert fut donné en son honneur. Une chorale de sept cents choristes reprit ses plus grands succès et il en fut très impressionné. À la fin du concert, montant sur la scène pour remercier les participants, il reçut une énorme et longue ovation, à la suite de laquelle il accepta d'interpréter une chanson. Il n'avait pas chanté en public depuis sept ans.

Puis, il fut candidat sur la liste de Robert Hue aux élections européennes de 1999.

Jean Ferrat avait accepté d'être le parrain du Festival de Barjac, appelé aussi « Chansons de paroles » depuis sa création et il avait toujours été présent chaque année, lors de son inauguration. Le 30 juillet de l'an 2000, son organisateur et Jofroi, son animateur, décidèrent que le Festival de Barjac mettrait Jean à l'honneur, en faisant *La Fête à Ferrat.* De nombreux invités chantèrent son répertoire dont Isabelle Aubret, Francesca Solleville, Anne Sylvestre, Calise, Allain Leprest et Jean-Marc Le Bihan.

« Le Festival de Barjac est un des pôles de résistance face au rouleau compresseur des industries culturelles alliées à celles de la communication qui fait peser une grave menace sur cette diversité culturelle à laquelle nous tenons tant.

Que le Festival continue donc, longtemps encore, à nous offrir ces instants uniques de grâce musicale et la magie de ses découvertes multiples. » Jean Ferrat - juin 05.

En 2001 et 2002, Jean Ferrat s'en prit violemment aux médias publics. Selon lui, ils excluaient volontairement de nombreux artistes français au profit d'une variété commerciale acculturée. Dans une lettre à la directrice générale de la deuxième chaîne de télévision française, Michèle Cotta, puis dans quelques articles de presse, il prenait en particulier la défense d'Isabelle Aubret. Cette chanteuse avait été déprogrammée de l'émission de Stéphane Bern *Le Fou du Roi*, sans qu'on lui donne une raison valable. Très rarement invitée sur les plateaux, elle représentait pour Jean Ferrat, une large partie de la chanson française absente de la scène médiatique alors que l'on s'était engagé à défendre « la diversité culturelle ». Le 8 janvier 2002, son article est publié dans le Monde sous le titre *« Qui veut tuer la chanson française ? »* dans lequel il dit « *Ne laissez pas s'éteindre la petite flamme vacillante de la chanson française. Elle résiste. Il ne faut pas la laisser s'éteindre ».*

Cet appel fit du bruit. L'Humanité Dimanche et Marianne s'en firent l'écho en développant le thème. À la suite de l'intervention de Jean Ferrat, Isabelle Aubret put participer à l'émission de Stéphane Bern en chantant une chanson, mais sans aucune interview. Le 6 août 2002, Jean répondant aux questions de Pierre Chaillan et de Philippe De Nans, mit en cause *les petits marquis qui font la loi,* c'est-à-dire un certain aréopage qui a pris le pouvoir dans les médias. Ils orientent et sélectionnent de manière impitoyable : *Il y a des pans entiers de la création française complètement rejetés [...] Avec la pression des grands groupes et des multinationales de la variété, c'est un rouleau compresseur qui se déverse sur toute la France. On arrive à un point extrêmement dangereux pour la création et la survie de la chanson française que j'appellerai artisanale. [...] Ceux qui sont dans le moule des « musiques actuelles » ont des possibilités [...] Je n'accepte pas que la part des autres soit étoffée. [...] Cette dérive produit un effet : Une sorte de concentration. On assiste à une course à l'audimat, une course au tube, une course au produit. Au produit imposé et vendu en un minimum de temps [...] La concentration entre les mêmes mains de la production, de la distribution et de la diffusion devient un instrument extrêmement dangereux pour la création [...] Contre ça, un petit interprète, un petit créateur qui n'a pas cette logistique derrière lui est forcément exclu du jeu. Le plus souvent, il s'autoproduit. Pour rien [...] Leurs disques ne sont pas à vendre chez les disquaires. Les grossistes ravitaillent en premier les grandes surfaces et ne s'intéressent qu'aux artistes très médiatisés [...] Le disquaire ne peut s'adresser lui-même à une maison de disques si ce n'est pas pour une grosse commande. Le système bloque totalement la distribution des disques de certains artistes même s'ils sont connus et possèdent un public [...] En ce qui concerne la diffusion sur les antennes, elle est régie par les « play-lists ». Si l'artiste n'y est pas choisi, il n'a aucune possibilité d'être diffusé. Particulièrement dans le service public. J'attaque les responsables du service public parce qu'ils ne répondent plus à leur mission. Les radios locales de Radio France (quarante sur tout le territoire) avaient une autonomie de programmation. Aujourd'hui c'est fini, elles sont soumises à une play-list dictatoriale élaborée à Paris. [...] C'est un appauvrissement terrible de la diversité culturelle favorisé par le service public !*

À la fin de l'année 2002, le chanteur sortit *Ferrat en scène*, l'enregistrement réalisé en public en 1991, avec des arrangements de son ami Alain Goraguer. En janvier 2003, il fut l'invité de l'émission *Vivement dimanche* pour présenter cet album.

En octobre 2003, Hélène Hazera l'interviewa pendant deux heures, dans une émission qui sera diffusée en février 2004, sur France Culture.

Fin 2003 pour TV5 Monde, il fut l'Invité de Patrick Simonin, dans une émission de 45 minutes.

Un jeune homme que Jean ne connaissait pas, François Derquenne, vint un jour lui proposer de réaliser une exposition qui puisse montrer son travail. Après avoir demandé quelques précisions, il accepta. L'exposition s'est appelée : *Jean Ferrat. « Jean des Encres, Jean des Sources »*

Elle fut inaugurée par Jean lui-même en 2004, à la Fête de l'Humanité, et se promena dans de nombreuses communes de Saint-Chamond, dans la Loire, de Saint-Marcel-lès-Valence dans la Drôme, à l'occasion de plusieurs spectacles, dont un donné par Francesca Solleville à Saint-Maurice-lès-Allier, puis de l'Ardèche et la Ferme-Théâtre Lablachère, avec un passage à Antraigues évidemment, ainsi qu'en beaucoup d'autres endroits. Joël Carpier, ami de Jean, qui présidait, avec une grande passion, aux destinées de cette exposition, présentait dans chaque commune, une conférence sur Jean Ferrat.

Cette exposition se présentait sous la forme de treize panneaux en toile calicot imprimée. On y retrouvait un bel équilibre entre le texte et les photos. Chaque panneau, correspondant à un thème alternant l'encre et la source, était relié à une chanson. La présentation en linéaire mettait en valeur le graphisme, donnant en fait, une grande légèreté à l'ensemble.

Tout était fait pour entrer dans l'univers d'un artiste ancré dans son temps, observateur, mais aussi acteur de la société.

Le Jean des Encres : l'écrit, la parole, pour prendre position par exemple pour la diversité culturelle, ses engagements.

Le Jean des Sources, avec tout ce qui l'inspire : l'amour, l'amitié, l'Ardèche. Et cette vision d'avant-garde sur cette société en mouvement dont il dénonce aussi les dérives, les aberrations...D'un coté les idées, de l'autre les sentiments.

Dans un article publié en mai 2004 par *Le Monde diplomatique,* intitulé *Chanson française et diversité culturelle*, Jean Ferrat mit en évidence de tels *phénomènes de concentration verticale* débouchant sur le *matraquage* des mêmes titres par *une poignée de multinationales des industries culturelles et de la communication*. L'hommage unanime qui lui est rendu aujourd'hui ne doit donc pas faire oublier que Jean Ferrat, longtemps interdit de diffusion à la télévision, en raison de son engagement politique, n'a jamais été un artiste consensuel. Voyons ce qu'il dit [2] :

« Chanson française et diversité culturelle, il ne s'agit pas d'un postulat : la connaissance de la chanson française que j'ai depuis plusieurs années et celle de rapports et d'études de syndicats et d'organisations professionnelles m'ont poussé aux conclusions suivantes. Tout d'abord, j'ai la conviction qu'on ne peut rien comprendre à ce qui se passe dans la chanson française si l'on ne tient pas compte avant tout de quelques données incontestables : d'après un rapport de la Société des auteurs compositeurs et éditeurs de musique paru fin 2002, le nombre d'interprètes français

2. Plutôt que de déformer ses propos en les tronquant, je préfère vous les donner in extenso.

qui sont passés sur les ondes, toutes radios confondues, entre 1996 et 2000 a été divisé par quatre ! Et, pour le quart restant, voici d'après une enquête du Figaro Entreprise du 10 janvier 2003 le nombre de passages radio des cinq premiers pour l'année 2002 :

Jean-Jacques Goldman : 37 200 passages (plus de 100 par jour)

Gérald de Palmas : 28 700 passages

Pascal Obispo : 14 800 passages sur un titre

Johnny Halliday : 12 900 passages

Renaud et Axelle Red : 14 800 passages sur un titre.

Dans la même période, sur les cinquante titres les plus programmés, quarante-deux ont bénéficié de campagnes publicitaires des producteurs atteignant parfois plusieurs millions (en francs). Le nombre de titres différents diffusés est passé en quatre ans de 56 300 à 24 400, soit une diminution de 60 %. Tous ces chiffres ont une signification : ils traduisent de façon éloquente la mainmise écrasante de cinq multinationales du disque dans les domaines de la production de la diffusion et, en dernier lieu, de la distribution.

«Jamais, écrit l'Union des producteurs phonographiques indépendants (UFPI), le décalage n'a été aussi grand entre la diversité de la production phonographique et la frilosité des médias». Mais pour quelles raisons les radios mènent-elles cette politique ? Il y a bien sûr, en premier lieu, l'accélération des phénomènes de concentrations verticales (entente producteur-diffuseur), mais aussi une autre raison : plus les radios «matraquent» le même titre, plus elles font des «tubes». Plus elles font des «tubes», plus elles ont

d'écoute. Plus elles ont d'écoute, plus elles ont de «pub» et plus elles ont de «pub», plus elles font de profits. C'est ainsi qu'un certain nombre d'artistes, soutenus par ces grands monopoles de production, envahissent les médias avec une telle force (et sans qu'ils soient responsables eux-mêmes de ce phénomène) qu'il n'y a plus de place pour les autres. La «libre entreprise» des marchés dans le domaine de la chanson conduit à un appauvrissement dramatique de la diversité culturelle : elle met en cause l'existence même de la liberté d'expression pour la très grande majorité des artistes français.

Mais je voudrais abandonner un instant l'univers des chiffres pour vous expliquer les motivations qui m'ont poussé, depuis deux ans, à intervenir sur ce sujet. C'est que j'ai découvert des artistes qui chantaient parfois depuis longtemps, des gens magnifiques, au talent remarquable, mais que le grand public ignore totalement, car ils ne sont jamais passés régulièrement dans aucun média. J'ai déjà cité le nom de certains : Allain Leprest, Bernard Joyet, Christian Paccoud, Philippe Forcioli, Michel Arbatz, Michèle Bernard, mais il y en a des dizaines d'autres, tous pratiquant ce que j'appellerai la «Chanson de paroles» – du nom du festival de Barjac – ou la chanson artisanale, tous victimes d'une injustice inacceptable. Certains d'entre eux semblent avoir pris leur parti de cette situation. Alors ils œuvrent dans des petits lieux – cafés, restaurants, cabarets, festivals – en touchant un certain public qui les suit, mais qui, le plus souvent, ne leur permet pas de vivre dans des conditions acceptables, sans parler de la frustration éprouvée devant ce manque de reconnaissance.

Il leur arrive aussi d'être dans l'obligation de «passer le chapeau», retrouvant ainsi, dans les conditions d'exercice de leur métier, la situation du XIXe siècle ! Nous nous étions pourtant battus, avec mes amis du Syndicat français des acteurs, pendant des années, pour que les cachets minimaux, en particulier dans les médias, soient appliqués sans contestation. Il paraît qu'aujourd'hui, lorsqu'un artiste est assez téméraire pour oser demander la même chose, on le regarde comme s'il proférait des injures !

De cette situation il résulte que la nouvelle réglementation visant les intermittents est particulièrement injuste, car elle touche en premier les plus défavorisés d'entre eux. Il est juste de mentionner aussi que, même dans ces conditions, un certain nombre d'artistes arrivent malgré tout à atteindre une grande notoriété (souvent provisoire). Des exceptions qui confirment la règle.

Depuis deux ans, je suis donc intervenu à plusieurs reprises dans les médias pour alerter les responsables. L'ancien ministre de la culture, M. Jean-Jacques Aillagon, m'écrivait en mars 2003 : « Cette situation me préoccupe autant que vous. J'ai, à cet effet, engagé l'élaboration d'un code de bonne conduite entre les radios et les producteurs privés et la mise en place d'un observatoire de la diversité musicale… »

À l'heure actuelle, cet «observatoire» doit toujours être en train d'«observer», car j'attends encore le résultat de ces «observations». Quant au «code de bonne conduite», il paraît que, sous l'égide du ministère de la Culture, un projet d'accord – qui officialiserait la chose – aurait été rédigé, provoquant les réactions immédiates du Syndicat national des auteurs et des compositeurs (SNAC) et de l'Union nationale des auteurs et des compositeurs (UNAC) : «Nous sommes particulièrement choqués qu'un tel accord puisse être signé, entérinant ainsi des pratiques commerciales... que nous contestons absolument.»

Il est significatif qu'aucun représentant des artistes, auteurs et interprètes ne participait à ces réunions. Et l'on en comprend les raisons puisqu'il s'agit du phénomène gravissime des ententes verticales entre les grandes industries de production de disques alliées à celles de la communication qui seraient autorisées et porteraient ainsi un coup mortel à la diversité culturelle !

Je n'entrerai pas ici dans le détail des mesures possibles pour remédier à la situation présente. Il en existe de nombreuses, proposées par les organisations professionnelles. Personnellement, je suis persuadé que les législateurs ou leurs représentants sont seuls capables d'établir les réglementations nécessaires pour assurer le pluralisme indispensable à l'exercice de notre démocratie.

Il y a eu à Paris, du 2 au 4 février 2003, une rencontre capitale de cent organisations culturelles internationales sur la nécessité de reconnaître la notion de diversité culturelle en France, mais aussi en Europe et dans tous les autres pays. Cette réunion fera date, car elle a montré que, sur le plan mondial, les professionnels réagissaient de manière très forte. Un comité de suivi a été mis en place, les réponses du ministre français de la culture et du président de la République, M. Jacques Chirac, ont été sans équivoque, totalement favorables à l'établissement, sur le plan légal international, d'une reconnaissance de cette diversité culturelle. C'est ainsi qu'à l'automne 2003, l'Organisation des Nations Unies pour l'éducation, la science et la culture

(Unesco) s'est emparée du problème afin d'établir un texte qui, face aux règles de l'Organisation mondiale du commerce (OMC), pourrait servir de base légale. Il est réconfortant de voir cette mobilisation des gens de culture pour affirmer que les produits culturels ne sont pas que des marchandises et que la diversité culturelle est un des points fondamentaux des droits humains et de la liberté.

Encore faut-il qu'en France les pouvoirs publics prennent les mesures indispensables pour la rendre possible. Non seulement dans le domaine de la chanson, mais aussi dans toute l'étendue du champ culturel. Et c'est là que se posent les questions fondamentales. Quelle est la volonté du ministre de la culture et de l'État de mettre un frein à l'appétit dévorant d'une poignée de sociétés multinationales des industries culturelles et de la communication ? Ne nous trouvons-nous pas devant une crise idéologique majeure entre la soumission ou la résistance au marché ? Donc politique.

Je crains qu'à l'heure actuelle la soumission soit plutôt de mise, réduisant à néant les intentions affirmées par nos dirigeants. Je suis persuadé qu'il appartient à la gauche de s'emparer de cette question et d'en faire un point phare de son programme futur. » Jean Ferrat

Cet appel provoqua de nombreuses réactions. Des pétitions furent envoyées aux chaînes. Michelle Cotta expliqua qu'elle avait tout fait pour rencontrer Jean Ferrat, ce qu'il a nié. Les pouvoirs publics ne sont pas intervenus pour faire respecter les cahiers des charges établis dont *tout le monde se fout,* dixit Ferrat.

Ivan Levaï invita Jean à participer à une émission sur la chaîne parlementaire pour les interpeller. Aucun retour. Il aurait suffi d'interdire les play-lists et de laisser une liberté aux responsables d'émissions de programmer les choses qui leur plaisent.

En 2007, Jean soutint José Bové pour l'élection présidentielle. Jean Ferrat disait : « *Je crois aux mouvements antimondialisation. Je partage totalement le combat mené par José Bové. Dans sa dénonciation au niveau de l'agriculture, il rejoint dans un autre domaine la bataille pour la diversité culturelle [...] Tout ce qui va dans le sens de la résistance à la mondialisation ultralibérale, à cette loi du marché soi-disant inévitable, inéluctable et impérissable, va dans le bon sens [...]* .

(Propos recueillis par Philippe de Nans et Pierre Chaillan avec l'autorisation de la rédaction du *P.C.A. Hebdo* supplément culturel gratuit.)

Depuis l'an 2000, les disques *Temey* ont mis sur CD toutes les chansons de Jean Ferrat. En 2009, parut une compilation de cinquante de ses meilleures chansons en un triple album. Gérard Meys dit à ce propos « J'ai voulu cette compilation parce que j'avais peur. Je pensais que les gens l'oubliaient, en particulier la jeunesse. Quand j'ai décidé de sortir ça, Jean m'a dit *: cela fait cinquante ans que tu travailles pour moi, si tu crois que c'est bien, fais-le.* Mais au moment de la sortie, il a refusé de regarder la photo de la pochette. Lorsqu'il a été double disque de platine, on est allés lui apporter en Ardèche, il ne l'a pas ouvert et a rendu le disque à Isabelle. Je crois que ça ne l'intéressait plus. Cela m'a fait un drôle d'effet...[3] »

On a coutume de dire que Jean Ferrat a eu à son actif deux cent une chansons, ce qui est vraisemblablement le

---

3. En 2009, ce triple album se vendit à 250 000 exemplaires.

nombre de celles qu'il a lui-même interprétées. C'est sans compter celles qu'il a données à chanter à des amis dans tous les azimuts, comme *Les lavandes*, une de ses chansons de jeunesse qu'enregistrèrent Marcel Amont et une certaine Laurette Broussin, *Les chevaux* pour Jacqueline Dulac, *Laâm,* pour Jacques Boyer, *Les artistes* pour Odile Ezdra, *Maréchal nous revoilà* pour Juliette Gréco, *La délaissée* et *La marche prénuptiale* pour Christine Sèvres, *La chanson d'amour* pour Danielle Darrieux et Rosalie Dubois, *J'ai peur* pour Karim Kacel et Allain Leprest, *Anita Rosita Perez* pour Bébé Huong Song et *C'était Noël* pour un certain Noël Frank dont on dit qu'il aurait été un pseudo de Jean Ferrat, bien que cela reste à prouver !

Quoi qu'il en soit, avec toutes les chansons dont il a été le compositeur et qu'il a données, je ne serais pas surpris que leur nombre se situe entre deux cent cinquante et trois cents.

J'ai connu beaucoup d'artistes dans des domaines variés, mais ils étaient pour la plupart des créateurs de chansons. J'ai été souvent frappé par le fait que ce qu'ils disaient de merveilleux dans leurs œuvres ne se retrouvait pas ou alors de très loin dans leur façon de vivre. Dans ce domaine, Jean était une exception. Il ne chantait que ce qu'il pensait. Ses réflexions sur la société telle qu'elle est et telle qu'il souhaitait la voir se transformer, devenaient des chansons. Quand il n'était pas l'auteur des textes qu'il mettait en musique, c'était parce qu'il avait choisi des textes avec lesquels il était entièrement en accord.

J'ai volontairement nommé tous ses auteurs dans cet ouvrage, non pas pour amoindrir son œuvre, mais pour souligner son humilité naturelle. Il ne cherchait pas à se mettre en avant. Il n'avait aucune fierté d'auteur. Pour lui, les chansons qu'il interprétait, qu'elles soient les siennes ou celles d'un autre, représentaient une œuvre plus importante que sa propre personne. Son seul souci était de leur offrir une musique qui leur donnerait la force de faire passer le message contenu dans le texte, que ce soit un message d'amour ou un message de révolte contre les injustices, la guerre, la torture, le racisme, la censure, les règlements imbéciles, les discriminations de toute sorte, qu'elles soient sexistes, xénophobes ou socioculturelles. Et amener un maximum de gens à la poésie en mettant les poèmes d'Aragon à leur portée.

Il avait d'ailleurs dit à plusieurs reprises qu'il s'opposait à ce que l'on écrive sa biographie, ajoutant qu'il préférait que l'on parle de ses chansons plutôt que de lui-même. J'ai donc ici donné la place la plus importante possible à ses chansons, en ne présentant sa propre vie que d'une façon anecdotique et en décrivant tout simplement l'ami qu'il était pour moi, d'une façon subjective, un honnête homme, un camarade et aussi un vrai citoyen du monde.

Tout au long de sa carrière, une chose m'a toujours frappé. On a vu, à travers son parcours, comment ses idées avaient toujours été à gauche et combien ses prises de position parfois virulentes, s'attaquaient sans équivoque aux bourgeois, au monde de l'argent et prônaient un nouveau monde de liberté et d'égalité. Ce qui m'a frappé, c'est qu'il a été aimé et considéré, presque autant par des gens de droite que des gens de gauche. Il faut croire que ce qui dominait en lui était son sens de la justice. En 2010, quelques semaines avant son départ définitif, il a soutenu la liste du Front de gauche aux élections régionales. Son dernier combat.

J'avais été trop longtemps loin de lui pour l'avoir vu vieillir. Bien sûr, les photos de lui que l'on pouvait voir dans les journaux ou plus rarement à la télévision m'envoyaient l'image d'un beau visage qui se ridait. Sa moustache et sa barbe blanchissaient. Mais sa voix, quoique parfois un peu haletante, conservait ce timbre profond qui avait fait vibrer tant de beaux textes et qui pour moi restait d'une grande jeunesse. Je n'arrivais pas à le mettre au rang des vieux copains de mon âge qui partent avec une régularité qui m'inquiète. J'ai dit plus haut que nous ne voulions pas nous renseigner sur nos états de santé réciproques.

Certes, j'aurais aimé rencontrer Colette. Mais je ne voulais pas déranger le jeune homme que j'avais connu, et qui était toujours mon ami. C'est à cet ami-là que j'ai voulu rendre hommage dans cet ouvrage, ou plutôt dans ce témoignage.

Ouvrage achevé le 20 mai 2010, à la Colombière.

DISCOGRAPHIE DE JEAN FERRAT

DISQUES VOGUE
SUPER 45 TOURS

1958 EPL 7490
VOLUME 1

« **Les mercenaires** » (Dauvilliez-Jean Ferrat) - 2'50
« **Ma vie, mais qu'est-ce que c'est ?** » (Jean Ferrat) - 2'31
« **Frédo la nature** » (Jean Ferrat) - 2'58
« **L'homme sandwich** » (Jean Ferrat) - 2'48

Accompagné par Jean Lemaire et son orchestre
Photo: André Nisak
Préface de Francis Claude
(Sortie : septembre 1958)
Réédité (sans la préface) sur le label POP 4 (POX 16).

Ces quatre titres ont été réédités en septembre 1969, sur un 30 cm Vogue, de la collection «Chansons...», regroupant les premiers super 45 tours de Jean Ferrat, Pascal Danel et Michel Delpech, (Collection «Mode», série internationale, CMDINT 9714).

DISQUES DECCA
SUPER 45 TOURS

1960 451.012

« **Ma môme** » (Pierre Frachet-Jean Ferrat) - 2'30
« **Regarde-toi Paname** » (Pierre Frachet-Jean Ferrat) - 2'30
« **Federico Garcia Lorca** » (Jean Ferrat-Claude Henri Vic) - 3'00
« **L'éloge du célibat** » (Pierre Frachet-Jean Ferrat) - 2'35

Avec Milton Lewis (pseudonyme d'Alain Goraguer) et son orchestre
Photo : André Nisak
(Sortie : décembre 1960)

1961 451.047

« **Paris gavroche** » (Jean Ferrat-G. Bérard-C. Rinieri) - 2'25
« **Ta chanson** » (Jean Ferrat) - 2'18
« **Ma fille** » (Jamblan-Jean Ferrat) - 1'55
« **J'entends, j'entends** » (Louis Aragon-Jean Ferrat) - 2'25

Avec Milton Lewis (pseudonyme d'Alain Goraguer) et son orchestre
(Sortie : juin 1961)

1961 451.087

«**Deux enfants au soleil**» (Claude Delécluse-Jean Ferrat) - 2'35
«**Napoléon IV**» (Jean Ferrat) - 2'55
«**Eh ! l'amour**» (Jean Ferrat) - 2'53
«**La cervelle**» (Bernard Dimey-Jean Ferrat) - 2'25

Avec Milton Lewis (pseudonyme d'Alain Goraguer) et son orchestre
Photo : André Nisak
(Sortie : décembre 1961)

1962 451.159
«La fête aux copains» (Georges Coulonges - Jean Ferrat) - 2'25
«Le p'tit jardin» (Michelle Senlis-Jean Ferrat) - 2'37
«Les noctambules» (Michelle Senlis,Claude Delécluse-Jean Ferrat) - 2'03
«L'homme à l'oreille coupée» (M. Senlis,Cl. Delécluse-Jean Ferrat) - 2'50

Arrangements : Alain Goraguer
Photo : Mourizard
(Sortie : décembre 1962)

1963 451.160
«Mes amours» (Michelle Senlis-Jean Ferrat) - 2'38
«Les petits bistrots» (Michelle Senlis,Claude Delécluse-Jean Ferrat) - 1'40
«Les nomades» (Michelle Senlis-Jean Ferrat) - 2'55
«Les Polonais» (Claude Delécluse-Jean Ferrat) - 2'40

Arrangements : Alain Goraguer
Photo : Mourizard
(Sortie : janvier 1963)

DISQUES DECCA
25 CM
1961 123.991
JEAN FERRAT 1
«Deux enfants au soleil» (Claude Delécluse-Jean Ferrat) - 2'35
«Ma môme» (Pierre Frachet-jean Ferrat) - 2'30
«Regarde-toi Paname» (Pierre Frachet-Jean Ferrat) - 2'30
«J'entends, j'entends» (Louis Aragon-Jean Ferrat) - 2'45
«Ma fille» (Jamblan-Jean Ferrat) - 1'55
«Paris gavroche» (Jean Ferrat-G. Bérard-C. Rinieri) - 2'25
«Ta chanson» (Jean Ferrat) - 2'18
«Napoléon IV» (Jean Ferrat) - 2'55
«L'éloge du célibat» (Pierre Frachet-Jean Ferrat) - 2'25
«Federico Garcia Lorca» (Jean Ferrat-Claude-Henri Vic) - 3'00

Avec Milton Lewis (pseudonyme d'Alain Goraguer) et son orchestre
Photo : André Nisak
Au verso : extraits de presse
(Sortie : novembre 1961)

1962 124.018
«La fête aux copains» (Georges Coulonges-Jean Ferrat) - 2'25
«Le p'tit jardin» (Michelle Senlis-Jean Ferrat) - 2'37
«Les noctambules» (Michelle Senlis,Claude Delécluse-Jean Ferrat) - 2'03
«L'homme à l'oreille coupée» (M. Senlis,Cl. Delécluse-Jean Ferrat) - 2'50
«Mes amours» (Michelle Senlis-Jean Ferrat) - 2'38
«Les petits bistrots» (Michelle Senlis,Cl. Delécluse-Jean Ferrat) - 1'40
«Les nomades» (Michelle Senlis-Jean Ferrat) - 2'55
«Le Polonais» (Claude Delécluse-Jean Ferrat) - 2'40

Arrangements : Alain Goraguer
Photo : Mourizard
(Sortie : novembre 1962)

Version stéréo : SWL 45.506
(décembre 1962)

DISQUES DECCA
30 CM

1964 154.057
«Deux enfants au soleil» (Claude Delécluse-Jean Ferrat) - 2'35
«Eh ! l'amour» (Jean Ferrat) - 2'53
«Les petits bistrots» (Michelle Senlis, Claude Delécluse-Jean Ferrat) - 1'40
«Les nomades» (Michelle Senlis-Jean Ferrat) - 2'55
«L'éloge du célibat» (Pierre Frachet-Jean Ferrat) - 2'35
«Federico Garcia Lorca» (Jean Ferrat-Claude-Henri Vic) - 3'00
«Paris gavroche» (Jean Ferrat-G. Bérard-C.Rinieri) - 2'25
«Ma môme» (Pierre Frachet-Jean Ferrat) - 2'30
«La fête aux copains» (Georges Coulonges-Jean Ferrat) - 2'25
«Les noctambules» (Michelle Senlis, Cl.Delécluse-Jean Ferrat) - 2'03
«Regarde-toi Paname» (Pierre Frachet-Jean Ferrat) - 2'30
«L'homme à l'oreille coupée» (M.Senlis, Cl.Delécluse-Jean Ferrat) - 2'50

Avec Milton Lewis (pseudonyme d'Alain Goraguer) et son orchestre (1.2.5.6.7.8.11)
Arrangements : Alain Goraguer (3.4.9.10.12)
Photo : André Nisak
(Sortie : mars 1964)
Version stéréo : SSL 40.519

DISQUES DECCA
45 TOURS

12 / 60 70.700
«Ma môme» - «Federico Garcia Lorca»

12 / 60 70.701
«Regarde-toi Paname» - «L'éloge du célibat»

04 / 61 70.725
«Paris gavroche» - **«Ta chanson»**

11 / 61 70.764
«Deux enfants au soleil» - **«Napoléon IV»**

12 / 61 70.771
«Eh ! l'amour» - **«La cervelle»**

10 / 62 70.845
«Les noctambules» - **« Le p'tit jardin»**

12 / 62 70.850
«L'homme à l'oreille coupée» - «Mes amours»

10 / 62 70.851
«Les petits bistrots» - **«Le Polonais»**

11 / 62 70.856
«Les nomades» - **«La fête aux copains»**

DISQUES BARCLAY
SUPER 45 TOURS

1963 70.592
«Les enfants terribles» (Jean Ferrat) - 2'39
«Horizontalement» (Roland Valade - Jean Ferrat) - 2'37
«Quatre cents enfants noirs» (Michelle Senlis - Jean Ferrat) - 2'52
«Sainte Canaille» (Pierre Cour - Jean Ferrat) - 2'10

Accompagné par Alain Goraguer.
Photo : non signée
(Sortie : décembre 1963)

1964 70.613
«C'est beau la vie» (Claude Delécluse, Michelle Senlis-Jean Ferrat) - 2'41
«À Brassens» (Jean Ferrat) - 2'25
«Nuit et Brouillard» (Jean Ferrat) - 3'17
«Nous dormirons ensemble» (Louis Aragon - Jean Ferrat) - 2'19

Accompagné par Alain Goraguer et son orchestre
Photo : R. Carré
(Sortie : janvier 1964)

1964 70.729
«La montagne» (Jean Ferrat) - 3'04
«Autant d'amours autant de fleurs» (Henri Bassis-Jean Ferrat) - 2'11
«Hourrah !» (Jean Ferrat) - 2'16
«Que serais-je sans toi» (Louis Aragon-Jean Ferrat) - 3'05

Arrangements et direction musicale : Alain Goraguer
Photo : Attia
(Sortie : novembre 1964)

1965 70.748
«La jeunesse» (Georges Coulonges-Jean Ferrat) - 2'08
«Au bout de mon âge» (Louis Aragon-Jean Ferrat) - 2'19
«Berceuse» (Jean Ferrat) - 3'20
«Le jour où je deviendrai gros» (Jean Ferrat) - 2'24

Arrangements et direction musicale : Alain Goraguer
Photo : Jean-Pierre Leloir
(Sortie : février 1965)

1965 70.763
LE COUP DE GRACE
Bande originale du film de Jean Cayrol et Claude Durand.
Musique de Jean Ferrat.
Arrangements de François Rauber.

«Les beaux jours» (version chantée par Jean Ferrat) - (Jean Ferrat) - 2'18
«Thème de Miguel» (Jean Ferrat) - 3'08
«Désaccord-danse» (Jean Ferrat) - 2'37
«Les beaux jours» (Jean Ferrat) - 2'02
Orchestre sous la direction de François Rauber
Photo : du film
(Sortie : mai 1965)

1965 70.764
LA VIEILLE DAME INDIGNE
Bande originale du film de René Allio
«On ne voit pas le temps passe» (Jean Ferrat) - 2'16
«Loin» (Jean Ferrat) - 1'57
«Tu m'as jamais quitté» (Jean Ferrat) - 2'42
«On ne voit pas le temps passer» (version orchestrale) - 2'16

Orchestre sous la direction d'Alain Goraguer
Photo recto (Ferrat) : non signée.
Photo verso : du film
(Sortie : mars 1965)
2 pochettes (photo Jean Ferrat : Patrick Ullmann).

1965 70.904
«Potemkine» (Georges Coulonges-Jean Ferrat) - 2'48
«Le sabre et le goupillon» (Jean Ferrat) - 2'42
«Je ne chante pas pour passer le temps» (Jean Ferrat) - 2'34
«Les belles étrangères» (Michelle Senlis-Jean Ferrat) - 2'45

Direction musicale : Alain Goraguer
Photo : Alain Sadoc
(Sortie : décembre 1965)

1966 70.909
«C'est toujours la première fois» (Jean Ferrat) - 2'53
«La voix lactée» (S.G.D.G) (Jean Ferrat) - 3'02
«Raconte-moi la mer» (Clause Delécluse-Jean Ferrat) - 4'15
«À l'été de la Saint-Martin» (Jean Ferrat) - 2'30

Direction musicale : Alain Goraguer
Photo : Texier
(Sortie : janvier 1966)

1967 71.122
«Alléluia» (Jean Ferrat) - 3'26
«Si je mourais là-bas» (Guillaume Apollinaire-Jean Ferrat) - 3'00
«Pauvre Boris» (Jean Ferrat) - 3'25
«Un enfant quitte Paris» (Georges Coulonges-Jean Ferrat) - 3'25

Arrangements et direction musicale : Alain Goraguer
Photo : Murio
(Sortie : février 1967)

1967 71.123
«Maria» (Jean-Claude Massoulier-Jean Ferrat) - 3'06
«La liberté est en voyage» (Jean Ferrat) - 3'04
«Heureux celui qui meurt d'aimer» (Louis Aragon-Jean Ferrat) - 2'55
«En groupe, en ligue, en procession» (Jean Ferrat) - 2'50
Arrangements et direction musicale : Alain Goraguer
Photo : Murio
(Sortie : février 1967)

1968 71.233
«Les guérilleros» (Jean Ferrat) - 2'55
«Mourir au soleil» (Jean Ferrat) - 2'56
«Au point du jour» (Henri Gougaud-Jean Ferrat) - 2'36
«Pauvres petits c...» (Jean Ferrat) - 3'06

Arrangements et direction musicale : Alain Goraguer
Prise de son : Claude Achallé
Enregistrement : décembre 1967
Direction artistique : Gérard Meys
Photo : Jean Texier
(Sortie : janvier 1968)

1968 71.238
«À Santiago» (Jean Ferrat) - 2'43
«Ce qu'on est bien mon amour» (Jean Ferrat) - 2'46
«Cuba si» (Henri Gougaud-Jean Ferrat) - 2'48
«Indien» (Jean Ferrat) - 3'34
Arrangements et direction musicale : Alain Goraguer
Prise de son : Claude Achallé
Enregistrement : décembre 1967
Direction artistique : Gérard Meys
Photo : Alain Sadoc
(Sortie : février 1968)

1969 71.345
«Ma France» (Jean Ferrat) - 3'40
«Ariane» (Maurice Bourdet-Jean Ferrat) - 2'24
«L'idole à papa» (Jean Ferrat) - 3'18
«Un jour futur» (Henri Gougaud-Jean Ferrat) - 1'58

Arrangements et direction musicale : Alain Goraguer
Prise de son : Claude Achallé
Enregistrement : janvier 1969
Direction artistique : Gérard Meys
Photo : Michel Attard
(Sortie : avril 1969)

1969 71.346
«**Au printemps de quoi rêvais-tu ?**» (Jean Ferrat) - 3'10
«**La matinée**» (Henri Gougaud-Jean Ferrat) - 2'53
«**Hop-là ! Nous vivons**» (Henri Gougaud-Jean Ferrat) - 2'32
«**Le bureau**» (Jean Ferrat) - 3'16

Arrangements et direction musicale : Alain Goraguer
Prise de son : Claude Achallé
Enregistrement : janvier 1969
Direction artistique : Gérard Meys
Photo : Ray Wilson
(Sortie : juin 1969)

1970 71.406
«**Camarade**» (Jean Ferrat) - 2'35
«**Les lilas**» (Louis Aragon-Jean Ferrat) - 2'48
«**Tout ce que j'aime**» (Philippe Pauletto-Jean Ferrat) - 2'58
«**17 ans**» (Jean Ferrat) - 2'07

Arrangements et direction musicale : Alain Goraguer
Prise de son : Claude Achallé
Enregistrement : décembre 1969
Direction artistique : Gérard Meys
Photo : Jean-Claude Maillard
(Sortie : janvier 1970)

1970 71.424
«**Sacré Félicien**» (Jean Ferrat) - 2'28
«**Intox**» (Jean Ferrat) - 3'44
«**La cavale**» (Jean Ferrat) - 2'34
«**Les demoiselles de magasin**» (Jean Ferrat) - 2'38

Arrangements et direction musicale : Alain Goraguer
Prise de son : Claude Achallé
Enregistrement : décembre 1969
Direction artistique : Gérard Meys
Photo : Jean-Claude Maillard
(Sortie : février 1970)

1971 71.464
«**La commune**» (Georges Coulonges-Jean Ferrat) - 2'34
«**États d'âme**» (Jean Ferrat) - 3'00
«**Je vous aime**» (Jean Ferrat) - 3'27
«**Les touristes partis**» (Jean Ferrat) - 2'15

Arrangements et direction musicale : Alain Goraguer
Prise de son : Claude Achallé
Enregistrement : janvier 1971
Direction artistique : Gérard Meys
(Sortie : mars 1971)

1971 71.465
«**Aimer à perdre la raison**» (Louis Aragon-Jean Ferrat) - 2'35
«**Comprendre**» (Jean Ferrat) - 3'12
«**Les derniers Tziganes** « (Michelle Senlis-Jean Ferrat) - 2'54
«**Mis à part**» (Jean Ferrat) - 3'18
Arrangements et direction musicale : Alain Goraguer
Prise de son : Claude Achallé
Enregistrement : janvier 1971
Direction artistique : Gérard Meys
(Sortie : avril 1971)

1972 71.474
«**Mon palais**» (Jean Ferrat) - 3'05
«**Caserne**» (Guy Thomas-Jean Ferrat) - 2'30
«**La boldochévique**» (Jean Ferrat) - 2'22
«**Le petit trou pas cher**» (Guy Thomas-Jean Ferrat) - 2'18

Arrangements et direction musicale : Alain Goraguer
Prise de son : Claude Achallé
Enregistrement : juillet 1972
Direction artistique : Gérard Meys

Photo : Ray Wilson
(Sortie : septembre 1972)

DISQUES BARCLAY
25 CM

1963 80.213
«Nuit et brouillard» (Jean Ferrat) - 3'07
«À Brassens» (Jean Ferrat) - 2'25
«Les enfants terribles» (Jean Ferrat) - 2'29
«Toujours la même g...» (Jean Ferrat) - 2'55
«C'est beau la vie» (Claude Delécluse, Michelle Senlis -Jean Ferrat) - 2'41
«Quatre cents enfants noirs» (Michelle Senlis-Jean Ferrat) - 2'52
«Nous dormirons ensemble» (Louis Aragon-Jean Ferrat) - 2'19
«Horizontalement» (Roland Valade-Jean Ferrat) - 2'37

Accompagné par Alain Goraguer et son orchestre
Prise de son : Claude Achallé et Charles Rochko
Préface de Jean Ferrat
Photo : Paul Marai
(Sortie : décembre 1963)

Au moment de l'abandon du 25 cm, ces huit titres sont repris sur un 30 cm (80.337, novembre 1966) avec deux autres chansons :
«Sainte canaille» (Pierre Cour-Jean Ferrat) - 2'10
«De Nogent jusqu'à la mer» (André Gardy-Jean Ferrat) - 2'29

1964 80.253
«Berceuse» (Jean Ferrat) - 3'20
«Hourrah !» (Jean Ferrat) - 2'16
«Que serais-je sans toi ?» (Louis Aragon-Jean Ferrat) - 3'05
«Le jour où je deviendrai gros» (Jean Ferrat) - 2'24
«La jeunesse» (Georges Coulonges-Jean Ferrat) - 2'24
«La montagne» (Jean Ferrat) - 3'05
«Autant d'amours autant de fleurs» (Henri Bassis-Jean Ferrat) - 2'10
«Au bout de mon âge» (Louis Aragon-Jean Ferrat) - 2'18

Arrangements et direction musicale : Alain Goraguer
Photo : Gérard Neuvecelle
(Sortie : janvier 1965)

«**Hourrah**» ne se retrouve pas sur le 30 cm qui reprend tous les titres de ce 25 cm (80.320) plus trois autres chansons :
«Tu ne m'as jamais quitté» (Jean Ferrat) - 2'42
«Les beaux jours» (Jean Ferrat) - 2'18
«Loin» (Jean Ferrat) - 1'57

DISQUES BARCLAY
30 CM - REEDITION DE 25 CM + TITRES

1964 80.320
«La montagne» (Jean-Ferrat) - 3'05
«Autant d'amours autant de fleurs» (Henri Bassis-Jean Ferrat) - 2'10
«Tu ne m'as jamais quitté» (Jean-Ferrat) - 2'42
«Les beaux jours» (Jean Ferrat) - 2'42
«Le jour où je deviendrai gros» (Jean Ferrat) - 2'24
«Que serais-je sans toi» (Louis Aragon-Jeans Ferrat) - 3'05
«La jeunesse» (Georges Coulonges-Jean Ferrat) - 2'08
«Berceuse» (Jean Ferrrat) - 3'20
«Loin» (Jean Ferrat) - 1'57
«Au bout de mon âge» (Louis Aragon-Jean Ferrat) - 2'18

Arrangements et direction musicale : Alain Goraguer
Photos : Patrick Ullmann
(Sortie : septembre 1966)

1966 80.337
«Nuit et brouillard» (Jean Ferrat) - 3'07
«À Brassens» (Jean Ferrat) - 2'25
«Les enfants terribles» (Jean Ferrat) - 2'29
«Toujours la même g...» (Jean Ferrat) - 2'55
«Sainte canaille» (Pierre Cour-Jean Ferrat) - 2'10
«C'est beau la vie» (Michelle Senlis, Claude Delécluse-Jean Ferrat) - 2'41
«Quatre cents enfants noirs» (Michelle Senlis-Jean Ferrat) - 2'52
«De Nogent jusqu'à la mer» (A. Gardy-Jean Ferrat) - 2'29
«Horizontalement» (Roland Valade-Jean Ferrat) - 2'37
«Nous dormirons ensemble» (Louis Aragon - Jean Ferrat) - 2'19

Arrangements et direction musicale : Alain Goraguer
Direction artistique : Gérard Meys
Photo recto : Alain Sadoc
Photo intérieure : Jean-Pierre Leloir
(Sortie : novembre 1966)

DISQUES BARCLAY
30 CM ORIGINAUX

1965 80.291
«Potemkine» (Georges Coulonges-Jean Ferrat) - 2'48
«C'est si peu dire que je t'aime» (Louis Aragon-Jean Ferrat) - 2'50
«Les belles étangères» (Michelle Senlis-Jean Ferrat) - 2'45
«Je ne chante pas pour passer le temps» (Jean Ferrat) - 2'34
«La voix lactée» (S.G.D.G) (Jean Ferrat) - 3'02
«C'est toujours la première fois» (Jean Ferrat) - 2'53
«Le sabre et le goupillon» (Jean Ferrat) - 2'42
«Raconte-moi la mer» (Claude Delécluse-Jean Ferrat) - 4'15
«À l'été de la Saint-Martin» (Jean Ferrat) - 2'30
«On ne voit pas le temps passer» (Jean Ferrat) - 2'16

Direction musicale : Alain Goraguer
Prise de son : Claude Achallé
Séances d'enregistrements : orchestre, les 2-4-6 novembre 1965.
Re-recording, les 3-6-8 novembre 1965. Studio «A» Barclay.
Direction artistique : Gérard Meys
Photo recto : Jean Texier
Photo verso : Leloir
(Sortie : décembre 1965)

1966 80.338
«Maria» (Jean-Claude Massoulier-Jean Ferrat) - 3'06
«Heureux celui qui meurt d'aimer» (Louis Aragon-Jean Ferrat) - 2'55
«En groupe, en ligue, en procession» (Jean Ferrat) - 2'50
«Si je mourais là-bas» (Guillaume Apollinaire-Jean Ferrat) - 2'53
«La liberté est en voyage» (Jean Ferrat) - 3'04
«Un enfant quitte Paris» (Georges Coulonges-jean Ferrat) - 3'25
«Un jour, un jour» (Louis Aragon-Jean Ferrat) - 4'55
«Alléluia» (Jean Ferrat) - 3'26
«Chanson pour toi» (Michelle Senlis-Jean Ferrat) - 2'46
«Pauvre Boris» (Jean Ferrat) - 3'25

Arrangements et direction musicale : Alain Goraguer

Prise de son : Claude Achallé
Enregistrement : 27-28-29-30 décembre 1966
Direction artistique : Gérard Meys
Photo recto : Murio
(Sortie : janvier 1967)

1967 80.360
«Cuba si» (Henri Gougaud-Jean Ferrat) - 2'48
«Mourir au soleil» (Jean Ferrat) - 2'56
«Excusez-moi» (Jean Ferrat) - 2'36
«Prisunic» (Henri Gougaud-Jean Ferrat) - 2'54
«À Santiago» (Jean Ferrat) - 2'47
«Ce qu'on est bien mon amour» (Jean Ferrat) - 2'45
«Les guérilleros» (Jean Ferrat) - 2'55
«Au point du jour» (Henri Gougaud-Jean Ferrat) - 2'36
«Pauvres petits c...» (Jean Ferrat) - 3'06
«Indien» (Jean Ferrat) - 3'29

Arrangements et direction musicale : Alain Goraguer
Direction artistique : Gérard Meys
Prise de son : Claude Achallé
Enregistrement : décembre 1967
Photos : Texier
(Sortie : décembre 1967)

1968 80.379
10 GRANDES CHANSONS DE JEAN FERRAT
«Deux enfants au soleil» (Claude Delécluse-Jean Ferrat) - 2'34
«Ma môme» (Pierre Frachet-Jean Ferrat) - 1'56
«J'entends, j'entends» (Louis Aragon-Jean Ferrat) - 3'04
«La fête aux copains» (Georges Coulonges-Jean Ferrat) - 2'26
«Fédérico Garcia Lorca» (Jean Ferrat-Claude-Henri Vic) - 3'11
«Les nomades» (Michelle Senlis-Jean Ferrat) - 2'49
«Napoléon IV» (Jean Ferrat) - 2'53
«Mes amours» (Michelle Senlis-Jean Ferrat) - 2'28
«Les noctambules» (Claude Delécluse-Michelle Senlis-Jean Ferrat) - 2'12
«L'homme à l'oreille coupée» (Cl. Delécluse-M.Senlis-Jean Ferrat) - 3'11

Arrangements et direction musicale : Alain Goraguer
(Sortie : décembre 1968)

1969 80.384
SÉRIE « VEDETTES »
«Au printemps de quoi rêvais-tu ?» (Jean Ferrat) - 3'10
«La matinée» (Henri Gougaud-Jean Ferrat) - 2'53
«L'idole à papa» (Jean Ferrat) - 3'18
«Les poètes» (Louis Aragon-Jean Ferrat) - 4'04
«Ariane» (Maurice Boudet-Jean Ferrat) - 2'24
«La petite fleur qui tombe» (Henri Gougaud-Jean Ferrat) - 2'55
«Ma France» (Jean Ferrat) - 3'40
«Rien à voir» (Henri Gougaud-Jean Ferrat) - 2'10
«Les filles longues» (Jean Ferrat) - 4'24
«Hop là ! Nous vivons» (Henri Gougaud-Jean Ferrat) - 2'32
«Le bureau» (Jean Ferrat) - 3'16
«Un jour futur» (Henri Gougaud-Jean Ferrat) - 1'58

La matinée : avec Christine Sèvres (avec l'aimable autorisation des disques CBS)
Arrangements et direction musicale : Alain Goraguer
Direction artistique : Gérard Meys
Prise de son : Claude Achallé

Enregistrement : janvier 1969
Photo recto : Michel Attard
Photo intérieure : Agence Rapho
(Sortie : mars 1969)

1969 80.413
Série « Vedettes »
«**Camarade**» (Jean Ferrat) - 2'35
«**Tout ce que j'aime**» (Philippe Pauletta -Jean Ferrat) - 2'58
«**Les demoiselles de magasin**» (Jean Ferrat) - 2'38
«**Mon bel amour**» (Jean Ferrat) - 2'58
«**17 ans**» (Jean Ferrat) - 2'07
«**Sacré Félicien**» (Jean Ferrat) - 2'28
«**La cavale**» (Jean Ferrat) - 2'34
«**Y aurait-il...**» (Pierre Louki - Jean Ferrat) - 2'45
«**Intox**» (Jean Ferrat) - 3'44
«**Les lilas**» (Louis Aragon-Jean Ferrat) - 2'48

Arrangements et direction musicale : Alain Goraguer
Direction artistique : Gérard Meys
Prise de son : Claude Achallé
Enregistrement : décembre 1969
Photo recto : Jean-Claude Maillard
Photo verso : Ray Wilson
(Sortie : décembre 1969)

1971 80.427
«**La commune** « (Georges Coulonges-Jean Ferrat) - 2'34
«**Les derniers Tziganes** « (Michelle Senlis-Jean Ferrat) - 2'54
«**Je vous aime**» (Jean Ferrat) - 3'27
«**Mis à part**» (Jean Ferrat) - 3'18
«**Comprendre**» (Jean Ferrat) - 3'12
«**Les touristes partis**» (Jean Ferrat) - 2'15
«**État d'âme**» (Jean Ferrat) - 3'00
«**J'imagine**» (Henri Gougaud-Jean Ferrat) - 2'40
«**L'adresse du bonheur**» (Henri Gougaud-Jean Ferrat) - 2'30
«**Aimer à perdre la raison**» (Louis Aragon-Jean Ferrat) - 2'35
«**Et pour l'exemple**» (Philippe Pauletto-Jean Ferrat) - 2'50

Arrangements et direction musicale : Alain Goraguer
Direction artistique : Gérard Meys
Prise de son : Claude Achallé
Enregistrement : janvier 1971
Photo : Jean-Claude Maillard
(Sortie : février 1971)

1971 80.443
FERRAT CHANTE ARAGON
«**J'entends, j'entends**» (Louis Aragon-Jean Ferrat) - 4'55
«**Les poètes**» (Louis Aragon-Jean Ferrat) - 3' 09
«**Au bout de mon âge**» (Louis Aragon-Jean Ferrat) - 4'04
«**C'est si peu dire que je t'aime**» (Louis Aragon-Jean Ferrat) - 2'19
«**Heureux celui qui meurt d'aimer**» (Louis Aragon-Jean Ferrat) - 2'50
«**Robert le diable**» (Louis Aragon-Jean Ferrat) - 3'17
«**Que serais-je sans toi**» (Louis Aragon-Jean Ferrat) - 3'08
«**Nous dormirons ensemble**» (Louis Aragon-Jean Ferrat) - 4'55
«**Le malheur d'aimer**» (Louis Aragon-Jean Ferrat) - 2'23
«**Un jour un jour**» (Louis Aragon-Jean Ferrat) - 3'09

Arrangements et direction musicale : Alain Goraguer
Direction artistique : Gérard Meys
Prise de son : Claude Achallé
Enregistrement : juin 1971
Photos : Patrick Ullmann, Muller, Doisneau-Rapho, Jacques-marie, Jean-Claude Maillard

Cahier avec textes des chansons
Texte manuscrit de Chanson (Le malheur d'aimer)
Dédicace manuscrite de Louis Aragon à Christine Sèvres et Jean Ferrat
Maquette : Claude Caudron
(Sortie : novembre 1971)

1972 80.453
«À moi l'Afrique» (Michelle Senlis-Jean Ferrat) - 4'32
«Picasso colombe» (Henri Gougaud-jean Ferrat) - 2'56
«Une femme honnête n'a pas de plaisir» (Jean Ferrat) - 3'04
«À l'ombre bleue du figuier» (Michelle Senlis-Jean Feffat) - 2'30
«Si j'étais peintre ou maçon» (Jean Ferrat) - 2'26
«Les saisons» (Jean Ferrat) - 3'43
«La leçon buissonnière» (Guy Thomas-Jean Ferrat) - 2'58
«Paris an 2000» (Henri Gougaud-Jean Ferrat) - 2'53
«Hou hou méfions-nous...» (Jean Ferrat) - 3'31
«Ils volent, volent, volent» (Jean Ferrat) - 3'04

Direction musicale : Alain Goraguer
Direction artistique : Gérard Meys
Prise de son : Claude Achallé
Enregistrement : mars 1972
Photo : Alain Marouani
(Sortie : mars 1972)

DISTRIBUTION BARCLAY 30 CM

1972 30.009
PREMIERE PARTIE DU SPECTACLE JEAN FERRAT AU PALAIS DES SPORTS 1972
Jean Ferrat chante :
Prière du vieux Paris (Henri Gougaud – Alain Goraguer) - 2'35

Arrangements et direction musicale : Alain Goraguer
Photo : Alain Marouani
(Sortie : novembre 1972)
L'étiquette du disque porte la référence 30.008
Malgré ce que laisse entendre le titre, cet album n'est pas un enregistrement public, mais un montage d'enregistrements studio. On y trouve des chansons de Francis Lemarque, des Troubadours et des thèmes instrumentaux par l'orchestre de Alain Goraguer. L'intérêt de ce disque consiste en une chanson de Henri Gougaud interprétée par jean Ferrat et qui ne se retrouve nulle part ailleurs.

DISQUES TEME - BARCLAY 30 CM

1975 598.052
«La femme est l'avenir de l'homme» (Jean Ferrat) - 3'46
«Le bruit des bottes» (Guy Thomas-Jean Ferrat) - 4'13
«Berceuse pour un petit loupiot» (Guy Thomas-Jean Ferrat) - 3'48
«Un jeune» (Jean Ferrat) - 3'07
«Dans le silence de la ville» (Luis Aragon -Jean Ferrat) - 3'05
«Le singe» (Guy Thomas-Jean Ferrat) - 2'54
«Je meurs» (Pierre Grosz-Jean Ferrat) - 2'31
«Le fantôme» (Jean Ferrat) - 3'56
«Un air de liberté» (Jean Ferrat) - 3'12
«Mon chant est un ruisseau» (Henri Gougaud d'après Vitezslav Nezval - Jean Ferrat) - 2'43

Arrangements et direction musicale : Alain Goraguer
Prise de son : Mick Lanaro
Enregistrement : octobre 1975
Direction artistique : Gérard Meys
Photos et maquette : Jean-Claude Maillard
(Sortie : décembre 1975)

DISQUES MEYS
DISQUES TEMEY
Distribution C.P.F. BARCLAY
30 CM

1976 598.058
PREMIERES CHANSONS
NOUVEL ENREGISTREMENT
«**Eh ! L'amour**» (Jean Ferrat) - 3'00
«**Ta chanson**» (Jean Ferrat) - 2'40
«**Ma fille**» (Jamblan-Jean Ferrat) - 2'07
«**D'où que vienne l'accordéon**» (Claude Délécluse - Jean Ferrat) - 2'41
«**Regarde-toi Paname**» (Pierre Frachet -Jean Ferrat) - 2'38
«**Le p'tit jardin**» (Michelle Senlis-Jean Ferrat) - 3'06
«**L'éloge du célibat**» (Pierre Frachet-Jean Ferrat) - 2'16
«**Restera-t-il un chant d'oiseau ?**» (Claude Délécluse - Jean Ferrat) - 2'18
«**Les petits bistrots**» (Claude Délécluse-Michelle Senlis-Jean Ferrat) - 1'35
«**Je ne puis vivre que de toi**» (Jean Ferrat) - 2'37

Arrangements et direction musicale : Alain Goraguer
Prise de son : Mick Lanaro assisté de Thierry Beaumarié
Enregistrement : Studios Barclay, octobre 1976
Direction artistique : Gérard Meys
Photo recto et maquette : Jean-Claude Maillard
Photo verso : Roland Maillard
Pochette intérieure : discographie de Jean Ferrat
Photo Alain Goraguer et Jean Ferrat : Patrick Ullmann
Conception : Jean-Claude Maillard
(Sortie : décembre 1976)

1979 598.508
ENREGISTREMENT 1979
Chansons composées de 1972 à 1978
«**Mon palais**» (Jean Ferrat) - 3'02
«**Le tiers chant**» (Louis Araragon-Jean Ferrat) - 2'56
«**Le chef de gare est amoureux**» (Guy Thomas-Jean Ferrat) - 2'37
«**Le petit trou pas cher**» (Guy Thomas - Jean Ferrat) - 2'41
«**Les instants volés**» (Pierre Grosz -Jean Ferrat) - 3'13
«**Un cheval fou dans un grand magasin**» (Henri Gougaud-Jean Ferrat) - 1'52
«**Caserne**» (Guy Thomas-Jean Ferrat) - 2'31
«**La Boldochévique**» (Jean Ferrat) - 2'30
«**Le diable au coeur**» (Cécile Loggiard- Jean Ferrat) - 3'30
«**Si nous mourons**» (Lettre de Ethel Rosenberg à ses enfants-Jean Ferrat) - 2'37

Arrangements et direction musicale : Alain Goraguer
Enregistré par Mick Lanaro assisté de Jean-Michel Locret et de Jean-Pierre Michau au studio Barclay-Hoche 24 pistes au printemps 1979
Photo : Ray Wilson
Photos intérieures : Jean Texier
Si nous mourons : d'après Nous sommes vos fils de Robert et

Michael Meeropol (Editions Sociales-E.F.R.)

1980 598.014
FERRAT 80
«Le bilan» (Jean Ferrat) - 4'05
«Oural Ouralou» (Jean Ferrat) - 3'43
«J'ai froid» (Jean Ferrat) - 2'32
«Pour être encore en haut d'l'affiche» (Jean Ferrat) - 3'55
«Mon pays était beau» (Jean Ferrat) - 2'52
«Tu verras tu seras bien» (Jean Ferrat) - 3'30
«Quand on n'interdira plus mes chansons» (Jean Ferrat) - 3'55
«J'aurais seulement voulu» (Jean Ferrat) - 2'43
«La bourrée des trois célibataires» (Jean Ferrat) - 3'13
«Chanter» (Jean Ferrat) - 4'03
«L'embellie» (Jean Ferrat) - 3'50

Arrangements et direction musicale : Alain Goraguer
Enregistrement : Studios 92.
Ingénieur du son : Jean-Claude Charvier
Photos : J.-F. Le Cocguen, Jean-Claude Maillard, G. Nicolaï et X.
Maquette : René Carel
Direction artistique : Gérard Meys
Distribution : Discodis
(Sortie : novembre 1980)

1985 2403.741
JE NE SUIS QU'UN CRI
«Je ne suis qu'un cri» (Guy Thomas-Jean Ferrat) - 3'02
«Hospitalité» (Guy Thomas-Jean Ferrat) - 3'20
«L'âne» (Guy Thomas-Jean Ferrat) - 2'11
«Viens mon frelot» (Guy Thomas-Jean Ferrat) - 3'02
«Concessions» (Guy Thomas-Jean Ferrat) - 2'26
«Comptine pour Clémentine» (Guy Thomas-Jean Ferrat) - 3'05
«La porte à droite» (Guy Thomas-Jean Ferrat) - 3'48
«Le cœur fragile» (Guy Thomas-Jean Ferrat) - 4'01
«Le châtaignier» (Guy Thomas-Jean Ferrat) - 2'48
«Petit» (Guy Thomas-Jean Ferrat) - 3'13
«Vipères lubriques» (Guy Thomas-Jean Ferrat) - 3'33
«Pardonnez-moi mademoiselle» (Guy Thomas-Jean Ferrat) - 3'05
«Le kilimandjaro» (Guy Thomas-Jean Ferrat) - 2'42
«Les cerisiers» (Guy Thomas-Jean Ferrat) - 3'13

Arrangements et direction musicale : Alain Goraguer
Enregistrement en 1985 au Studio des Dames
Enregistrement, transfert et mixage numérique (DDD)
Ingénieur du son : Jean-Louis Labro
Distribution : Pathé Marconi
(Sortie : novembre 1985)

DISQUES MEYS
CD

1991 174.424-2
DANS LA JUNGLE OU DANS LE ZOO
«Dans la jungle ou le zoo» (Jean Ferrat) - 4'50
«Les petites filles modèles» (Jean Ferrat) - 3'50
«Parle-moi de nous» (Jean Ferrat) - 4'08
«Dingue» (Jean Ferrat) - 4'52
«Les tournesols» (Jean Ferrat) - 4'26
«Chante l'amour» (Jean Ferrat) - 4'21
«À la une» (Jean Ferrat) - 4'06

«Le grillon» (Jean Ferrat) - 3'30
«Bicentenaire» (Jean Ferrat) - 3'35
«Les jeunes imbéciles» (Jean Ferrat) - 3'40
«Tu aurais pu vivre» (Jean Ferrat) - 4'12
«Mon amour sauvage» (Jean Ferrat) - 3'47
«Nul ne guérit de son enfance» (Jean Ferrat) - 4'21
«La paix sur terre» (Jean Ferrat) - 4'07

Orchestrations et direction musicale : Alain Goraguer
Enregistrement : Studio Guillaume Tell
Ingénieur du son : Philippe Cusset
Photos : Alain Marouani
Maquette : René Carel
Direction artistique : Gérard Meys
(Sortie : 22 octobre 1991)

1994 TEM 74.454-2
FERRAT 95
16 NOUVEAUX POÈMES D'ARAGON
«Complainte de Pablo Neruda» (Louis Aragon-Jean Ferrat) - 4'07
«Elle» (Louis Aragon-Jean Ferrat) - 4'26
«J'arrive où je suis étranger» (Louis Aragon-Jean Ferrat) - 3'02
«Devine» (Louis Aragon-Jean Ferrat) - 2'51
«Chagall» (Louis Aragon-Jean Ferrat) - 3'01
«Les feux de Paris» (Louis Aragon-Jean Ferrat) - 4'17
«Chambres d'un moment» (Louis Aragon-Jean Ferrat) - 3'53
«Lorsque s'en vient le soir» (Louis Aragon-Jean Ferrat) - 3'08
«Qui vivra verra» (Louis Aragon-Jean Ferrat) - 3'31
«Odeur des myrtils» (Louis Aragon-Jean Ferrat) - 2'46
«Carco» (Louis Aragon-Jean Ferrat) - 3'07
«Musique de ma vie» (Louis Aragon-Jean Ferrat) - 4'04
«Pablo mon ami» (Louis Aragon-Jean Ferrat) - 4'07
«Pourtant la vie» (Louis Aragon-Jean Ferrat) - 3'51
«Les oiseaux déguisés» (Louis Aragon-Jean Ferrat) - 3'27
«Épilogues « (Louis Aragon-Jean Ferrat) - 7'32

Orchestration et direction musicale : Alain Goraguer
(Tous les musiciens sont crédités sur le livret)
Ingénieur du son : Philippe Cusset
Orchestre : Studio Guillaume Tell
Assistante : Myriam Eddaïra
Voix et mixage : Studio Mega. Assistant : Emmanuel Goulet
Direction artistique : Gérard Meys
Photo recto : Irmeli Jung. Maquette : Profusion-Thomas Guidez
(Sortie : octobre 1994)

COMPILATIONS

En avril 1982, Musidisc faisait paraître, sous le label Festival (FLD 747), une compilation intitulée « Le Polonais… » (pochette noire sans photo) comprenant dix titres de l'époque Decca dont deux inédits dont on ne trouve pas la trace dans la discographie originale de Jean Ferrat :
«Notre concerto» (Jean Broussolle-Umberto Bindi) - 1'40
«Les yeux d'Elsa» (Louis Aragon-Jean Ferrat) - 2'40
Retiré du commerce à la demande du chanteur, car publié sans son autorisation, ce 30 cm sera

remplacé par un second en novembre 1982, intitulé Eh ! L'amour...(Festival FLD 751), avec la même pochette noire sans photo. Contenu : douze titres Decca « courants ».

En juin 1995, Martial Martinay publie sous le label Magic records, dans la « French 60's EP collection », une compilation de 24 titres de Jean Ferrat, la plus complète, à ce jour, sur ses débuts. En ouverture, les quatre premiers enregistrements Vogue et les 20 titres des cinq super 45 tours Decca, tous remastérisés. Bonus : un livret pour la reproduction en couleur des pochettes originales ! (réf.520.932, distribution Clémusic puis Musidisc).

INTEGRALE ARAGON

Les 14 poèmes d'Aragon mis en musique par jean ferrat, enregistrés en 1979, 80 et 81 sur disques Temey, et les 16 nouveaux enregistrés en 1995, se trouvent désormais rassemblés dans un luxueux coffret : deux livres-CD avec tous les textes, fiche technique de chaque poème, photos et manuscrits inédits (Temey, TEM 74.463-2).

L'INTEGRALE CD Temey
Parue en 1988 reprend tous les albums

CD 1 : 174 135-2 – 1961-1962
(20 chansons avec les textes)
CD 2 : 174 136-2 – 1963-1964
(20 chansons avec les textes)
CD 3 : 174 137-2 – 1965-1966
(20 chansons avec les textes)
CD 4 : 174 138-2 – 1967-1969
(21 chansons avec les textes)
CD 5 : 174 139-2 – 1970-1971
(21 chansons avec les textes)
CD 6 : 174 140-2 – 1972-1975
(20 chansons avec les textes)
CD 7 : 174 141-2 – 1979-1980
(22 chansons avec les textes)
soit 144 titres.

En revanche, « Loin » (1964) n'a pas été réenregistrée en 1979.

« Ariane » (1969), non plus, n'a pas été réenregistrée en 1979.

2002 CD Temey / Sony TEM 74 488-2

FERRAT EN SCENE

Enregistrement public réalisé au Pavillon Baltard en novembre 1991

«**Dingue**» (Jean Ferrat) - 4'52
«**Chante l'amour**» (Jean Ferrat) - 4'21
«**Les petites filles modèles**» (Jean Ferrat) - 3'50
«**Bicentenaire**» (Jean Ferrat) - 3'35
«**Le grillon**» (Jean Ferrat) - 3'30
«**À la une**» (Jean Ferrat) - 4'06
«**Parle-moi de nous**» (Jean Ferrat) - 4'08
«**Dans la jungle ou le zoo**» (Jean Ferrat) - 4'50
«**Tu aurais pu vivre**» (Jean Ferrat) - 4'12
«**Mon amour sauvage**» (Jean Ferrat) - 3'47
«**Nul ne guérit de son enfance**» (Jean Ferrat) - 4'21
«**Les jeunes imbéciles**» (Jean Ferrat) - 3'40
«**Les tournesols**» (Jean Ferrat) - 4'26
«**La paix sur terre**» (Jean Ferrat) - 4'07 également paru en DVD musical.

2003 : L'intégrale Aragon parue en deux CD chez Temey (30 titres) est enrichie d'un nouveau titre

« Les yeux d'Elsa », enregistré en 2002 par Jean Ferrat.

DISPONIBLE EN CD

L'intégrale Barclay (1963-1972) : 5 CD

L'intégrale Temey : nouveaux enregistrements de toutes ses chansons réalisés en 1979-1980, plus tous les albums parus sous le label Temey depuis 1975.

1980 598.001
DEUX ENFANTS AU SOLEIL

«Deux enfants au soleil» (Claude Delécluse-Jean Ferrat) - 2'43
«Ma môme» (Pierre Frachet-Jean Ferrat) - 1'57
«J'entends j'entends» (Louis Aragon-Jean Ferrat) - 3'13
«La fête aux copains» (Georges Coulonges-Jean Ferrat) - 2'33
«Federico Garcia Lorca» (Jean Ferrat-Claude-Henri Vic) - 3'24
«Les nomades» (Michelle Senlis-Jean Ferrat) - 3'10
«Napoléon IV» (Jean Ferrat) - 4'07
«Mes amours» (Michelle Senlis- Jean Ferrat) - 2'34
«Les noctambules» (Claude Delécluse, Michelle Senlis-Jean Ferrat) - 2'12
«L'homme à l'oreille coupée» (Claude Delécluse, Michelle Senlis-Jean Ferrat) - 3'00

1980 598.002
EH ! L'AMOUR

«Eh ! L'amour» (Jean Ferrat) - 3'00
«Ta chanson» (Jean Ferrat) - 2'40
«Ma fille» (Jamblan-Jean Ferrat) - 2'07
«D'où que vienne l'accordéon» (Claude Délécluse - Jean Ferrat) - 2'41
«Regarde-toi Paname» (Pierre Frachet -Jean Ferrat) - 2'38
«Le p'tit jardin» (Michelle Senlis-Jean Ferrat) - 3'06
«L'éloge du célibat» (Pierre Frachet-Jean Ferrat) - 2'16
«Restera-t-il un chant d'oiseau ?» (Claude Délécluse - Jean Ferrat) - 2'18
«Les petits bistrots» (Claude Délécluse-Michelle Senlis-Jean Ferrat) - 1'35
«Je ne puis vivre que de toi» (Jean Ferrat) - 2'37

1980 598.003
NUIT ET BROUILLARD

«Nuit et brouillard» (Jean Ferrat) - 3'08
«À Brassens» (Jean Ferrat) - 2'29
«Les enfants terribles» (Jean Ferrat) - 2'23
«Toujours la même G...» (Jean Ferrat) - 3'08
«Sainte canaille» (Pierre Cour-Jean Ferrat) - 2'04
«C'est beau la vie» (Michelle Senlis-Claude Délécluse-Jean Ferrat) - 2'44
«Quatre cents enfants noirs» (Michelle Senlis-Jean Ferrat) - 3'08
«De Nogent jusqu'à la mer» (A.Gardy - Jean Ferrat) - 2'33
«Horizontalement» (Roland Valade-Jean Ferrat) - 2'50
«Nous dormirons ensemble» (Louis Aragon-Jean Ferrat) - 2'13

1980 598.004
LA MONTAGNE

«La montagne» (Jean-Ferrat) - 3'07
«Autant d'amours autant de fleurs» (Henri Bassis-Jean Ferrat) - 2'17
«Tu ne m'as jamais quitté» (Jean-Ferrat) - 2'42
«Les beaux jours» (Jean Ferrat) -

2'21
«Le jour où je deviendrai gros» (Jean Ferrat) - 2'22
«Que serais-je sans toi» (Louis Aragon-Jeans Ferrat) - 3'10
«La jeunesse» (Georges Coulonges-Jean Ferrat) - 2'13
«Berceuse» (Jean Ferrrat) - 3'15
«Loin» (Jean Ferrat) - 2'20
«Au bout de mon âge» (Louis Aragon-Jean Ferrat) - 2'11

1980 598.005
POTEMKINE
«Potemkine» (Georges Coulonges-Jean Ferrat) - 2'43
«C'est si peu dire que je t'aime» (Louis Aragon-Jean Ferrat) - 2'46
«Les belles étrangères» (Michelle Senlis-Jean Ferrat) - 2'50
«Je ne chante pas pour passer le temps» (Jean Ferrat) - 2'44
«La voix lactée» (S.G.D.G) (Jean Ferrat) - 3'07
«C'est toujours la première fois» (Jean Ferrat) - 2'45
«Le sabre et le goupillon» (Jean Ferrat) - 2'50
«Raconte-moi la mer» (Claude Delécluse-Jean Ferrat) - 4'27
«À l'été de la Saint-Martin» (Jean Ferrat) - 2'40
«On ne voit pas le temps passer» (Jean Ferrat) - 2'24

1980 598.006
MARIA
«Maria» (Jean-Claude Massoulier-Jean Ferrat) - 2'44
«Heureux celui qui meurt d'aimer» (Louis Aragon-Jean Ferrat) - 2'45
«En groupe, en ligue, en procession» (Jean Ferrat) - 2'52
«Si je mourais là-bas» (Guillaume Apollinaire-Jean Ferrat) - 2'55
«La liberté est en voyage» (Jean Ferrat) - 3'20
«Un enfant quitte Paris» (Georges Coulonges-Jean Ferrat) - 3'21
«Un jour, un jour» (Louis Aragon-Jean Ferrat) - 4'48
«Alléluia» (Jean Ferrat) - 3'25
«Chanson pour toi» (Michelle Senlis-Jean Ferrat) - 2'45
«Pauvre Boris» (Jean Ferrat) - 3'54

1980 598.007
À SANTIAGO
«Cuba si» (Henri Gougaud-Jean Ferrat) - 2'46
«Mourir au soleil» (Jean Ferrat) - 2'53
«Excusez-moi» (Jean Ferrat) - 2'33
«Prisunic» (Henri Gougaud-Jean Ferrat) - 2'51
«À Santiago» (Jean Ferrat) - 2'41
«Ce qu'on est bien mon amour» (Jean Ferrat) - 3'00
«Les guérilleros» (Jean Ferrat) - 3'01
«Au point du jour» (Henri Gougaud-Jean Ferrat) - 2'39
«Pauvres petits c...» (Jean Ferrat) - 2'35
«Indien» (Jean Ferrat) - 3'33

1980 598.008
MA FRANCE
«Au printemps de quoi rêvais-tu ?» (Jean Ferrat) - 3'13
«La matinée» (Henri Gougaud-Jean Ferrat) - 3'03
«L'idole à papa» (Jean Ferrat) - 3'00
«Les poètes» (Louis Aragon-Jean Ferrat) - 4'00
«La petite fleur qui tombe» (Henri Gougaud-Jean Ferrat) - 2'52
«Ma France» (Jean Ferrat) - 3'36
«Rien à voir» (Henri Gougaud-Jean Ferrat) - 3'24
«Les filles longues» (Jean Ferrat) - 4'27
«Hop là ! Nous vivons» (Henri

Gougaud-Jean Ferrat) - 2'34
«**Le bureau**» (Jean Ferrat) - 3'20
«**Un jour futur**» (Henri Gougaud-Jean Ferrat) - 2'04

1980 598.009
CAMARADE
«**Camarade**» (Jean Ferrat) - 2'36
«**Tout ce que j'aime**» (Philippe Pauletto -Jean Ferrat) - 2'49
«**Les demoiselles de magasin**» (Jean Ferrat) - 2'43
«**Mon bel amour**» (Jean Ferrat) - 2'59
«**17 ans**» (Jean Ferrat) - 1'58
«**Sacré Félicien**» (Jean Ferrat) - 2'32
«**La cavale**» (Jean Ferrat) - 2'35
«**Y aurait-il...**» (Pierre Louki - Jean Ferrat) - 2'39
«**Intox**» (Jean Ferrat) - 4'00
«**Les lilas**» (Louis Aragon-Jean Ferrat) - 2'40

1980 598.010
LA COMMUNE
«**La commune** « (Georges Coulonges-Jean Ferrat) - 2'33
«**Les derniers Tziganes** « (Michelle Senlis-Jean Ferrat) - 3'05
«**Je vous aime**» (Jean Ferrat) - 3'56
«**Mis à part**» (Jean Ferrat) - 3'34
«**Comprendre**» (Jean Ferrat) - 2'49
«**Les touristes partis**» (Jean Ferrat) - 2'25
«**État d'âme**» (Jean Ferrat) - 3'02
«**J'imagine**» (Henri Gougaud-Jean Ferrat) - 2'33
«**L'adresse du bonheur**» (Henri Gougaud-Jean Ferrat) - 2'33
«**Aimer à perdre la raison**» (Louis Aragon-Jean Ferrat) - 2'22
«**Et pour l'exemple**» (Philippe Pauletto-Jean Ferrat) - 2'38

1980 598.011
À MOI L'AFRIQUE
«À moi l'Afrique» (Michelle Senlis-Jean Ferrat) - 4'02
«**Picasso colombe**» (Henri Gougaud-jean Ferrat) - 2'50
«**Une femme honnête n'a pas de plaisir**» (Jean Ferrat) - 3'03
«**À l'ombre bleue du figuier**» (Michelle Senlis-Jean Feffat) - 2'27
«**Si j'étais peintre ou maçon**» (Jean Ferrat) - 2'27
«**Les saisons**» (Jean Ferrat) - 3'43
«**La leçon buissonnière**» (Guy Thomas-Jean Ferrat) - 2'51
«**Paris an 2000**» (Henri Gougaud-Jean Ferrat) - 2'49
«**Hou hou méfions-nous...**» (Jean Ferrat) - 3'32
«**Ils volent, volent, volent**» (Jean Ferrat) - 3'03

1980 598.012
LA FEMME EST L'AVENIR DE L'HOMME

1980 598.013
LES INSTANTS VOLES

1980 598.01'
FERRAT 80

1980 598.012
FERRAT CHANTE ARAGON

Cette discographie a été établie par Raoul Bellaïche, rédacteur en chef de la revue *Je chante* (7, rue du Panorama – 77500 Chelles). www.jechantemagazine.com /

Je chante a publié dans ses numéros 6 (décembre 1991) et 16 (hiver 1994-1995) deux remarquables dossiers sur Jean Ferrat.

Remerciements

Pour l'aide efficace que m'ont apportée, dans des domaines très divers :

Beleine Valette
Pour son soutien moral constant,

Marc Schweizer
Pour ses tuyaux éditoriaux,

Daniel Bontemps
Pour sa qualité particulière de lecteur attentif
et son amitié « active »,

Guy Trédaniel
Pour la confiance qu'il m'a témoignée,

Cathy Selena
Pour sa gentillesse, ses encouragements,
son énergie et son efficacité.

Du même auteur / Contact

Disques

1. Albums CD

« J'ai connu des gens merveilleux » 16 titres - (2003) (La Colombe)

« J'ai le cœur à chanter » 12 titres - (2002) (La Colombe)

« De la Colombe à la Colombière » 4 titres (2000) (La Colombe) épuisé

« Michel Valette chante Gilbert Hennevic » 15 titres – (1995) (Canetti) épuisé

2. K7

K7 de 15 titres (Canetti) tirée de l'ALBUM « Michel Valette chante G.Hennevic »

3. Vinyle (45 tours simple)

« Ne reste que l'amour » 2 titres – (1989) (La Colombe) épuisé

Livres

De Verdun à Cayenne Vie de Robert Porchet (1891-1964) Préface de Albert Jacquard - (Editions des Indes Savantes - Collection Cannibale - 2007)

Contact

michelvalette@lacolombe.org

Achevé d'imprimer en mai 2010
sur les presses de la Nouvelle Imprimerie Laballery
58500 Clamecy
Dépôt légal : mai 2010
Numéro d'impression : 005259

Imprimé en France

La Nouvelle Imprimerie Laballery est titulaire de la marque Imprim'Vert®